社会人になったら
知ってほしい

人生の
お金の話

Tsuchida Yoshinori

土田 義憲

乳幼児期　学童期　青年期　壮年期　老年期

ロギカ書房

はじめに

　私たちは社会で生きていくために様々な活動をします。その１つが経済活動です。経済活動を一言でいえば、自分が持っているものと他人が持っているものを交換して、自分が欲しい物を手に入れる行為です。

　昔は、自分が持っている物と他人が持っている物を直に交換する物々交換でしたが、現代では、お金を介して自分が欲しい物を手に入れます。

　すなわち現代では、自分が働いてお金を稼ぎ、このお金を使って自分が欲しい物を手に入れます。逆に言えば、お金が無ければ、欲しいものを手に入れることはできません。すなわち経済活動では、まず、**お金を稼ぐ必要があります。**

　ただし、お金を持っていても、お腹は一杯になりませんし、寒さもしのげません。お金を持っているだけでは、私たちは生きていけないのです。そこで、食料品や被服、住居の確保のために**お金を使います。**

　また、人生においては、時にまとまったお金が必要になります。結婚式や子供の進学、マイ・ホームの購入などです。病気やケガなどで急に多額の出費に見舞われることもあります。これに備えて、**お金を貯めます。**

　使うお金が稼いだお金よりも少なければ、お金は手元に残ります。私たちは、手元にお金が残るように、そして貯めるために、使うお金を稼いだお金の範囲内に収めなければなりません。

　貯めたお金をタンスの中に置いておいたらどうなるでしょうか？物価上昇が続く社会では、たとえそれが穏やかなものであっても、長い間には、同じ額のお金で買える物の量は少なくなります。すなわち、お金の価値は下落していきます。これに備えるために、貯めた**お金を増やさなければなりません。**

　就職してお金を稼ぐようになったら、使うお金を稼いだ範囲内に収め貯蓄し、増やすことできるように、人生のお金の流れを理解しておく必要があります。

本書は、社会に出る前の高校生や大学生、そして新しい社会人の皆様に人生のお金を稼ぐ、使う、貯める、増やすために知っておくべきことを伝えることを目的に執筆したものです。

　本書が、読者である皆様方が人生を豊かに過ごすのに、お役に立てれば幸いです。

2023 年 7 月

元国際教養大学 客員教授
公認会計士
土田義憲

目次

第2章
お金を使う（支出する）

第3章
続・お金を使う（ローンの返済）

第4章
お金を貯める（貯蓄する）

第5章
お金を増やす（運用する）

エピローグ
お金の管理ツール

本書の記述は、労働人口の 9 割を占める会社員や公務員などのサラリーマンを中心にしていますが、必要に応じて自営業者を対象にした記述を追加しています。

プロローグ

人生のお金の
流れ

お金とは何か？

交換の手段

　私たちは社会の中で生きて、活動をしています。自給自足の生活を送ることができる人は別とし、そうではない多くの人は、自分が余分に持っている物やサービスと交換して自分の生活に必要な物やサービスを手に入れます。

　昔は、物（以下では、サービスを含みます）と物を直接交換していました。しかし今では、自分が余分に持っているものを欲しがる人に売ってお金を手に入れ、自分が欲しい物を持っている人から買ってお金を支払います。このようにお金は、**物と物を交換する手段としての機能**があります。

　現代でも、例えば漁師さんが獲った魚と農家が栽培した野菜や果物とを交換したり、漁師さんから魚をもらった大工さんが、替りに漁師さんの家の台所の修理を無料で行ったりする物々交換が行われています。

　しかし、物々交換ができるのは、物を直に交換できる近場の人に限られます。遠く離れている人との間では、物の持ち運びが大変なので、直に物々交換することは、ほぼ不可能です。このような遠距離間の物と物の交換は、お金を介して行われます。

お金を介した
物の交換

自分 ← 自分がほしい物の取得

余分に持っている物の提供 →

価値の測定尺度

　物の値段は、誰かに譲ってもよい物の数とそれを欲しがる人の数で決まります。物の数よりも欲しがる人の数が多い場合は、是が非でも手に入れたいと考える人は高い価格を提示します。その結果、物の値段は高くなります。

　このように、お金には**物の価値を測定する機能**があります。

価値の保存

　お金には、もう１つ大事な機能があります。それは、価値の保存です。例えば、漁師さんが獲った魚や農家が収穫した野菜は、時間が経つにつれて鮮度が下がり、その価値は低下していきます。最後には、腐って捨てるしかなくなり、無価値になってしまいます。

　しかし、今、獲れた魚や野菜を販売してお金に変えておけばどうでしょうか？時間が経過してもお金の価値は失われません。そのお金を貯めておき、欲しい物が見つかったときに使用することができます。

　このように、お金には**価値を保存する機能**があります。

　ただし、急激なインフレーションが進んでいるときや、長期間タンスにしまっておいた場合は、お金の価値が下がることがあるので注意しなければなりません。

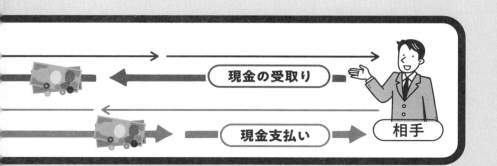

経済的な
自立とお金

前 項で見たように、現代社会で生活するためには、お金を稼がなければなりません。子供の頃は親や親戚から小遣いをもらったりしてお金を手に入れます。高校生や大学生になるとアルバイトをして手に入れます。

　そして社会人になると、生活に必要なお金は急激に増えます。例えば、親の家を出て生活するようになると家賃が必要になり、食事に必要なお金も自分で賄わなければなりません。仕事着や普段着も自分で賄わなければなりません。

　社会人として生きていくのに必要なお金を自分で稼げるようになることを〝**経済的に自立する**〟といいます。

アクシデントや
イベントへの備え

さ らに、将来の病気やケガなどの〝アクシデント〟による急な出費に備えて、お金を貯めておく必要もあります。病気やケガ以外でも、人間が生きていく過程においては、時々、まとまったお金が必要な事態が訪れます。

　例えば、進路を変更したり仕事の知識とスキルを磨いたりするために専門学校や大学で勉強し直すとか、結婚披露宴をする、マイ・ホームを持つ、子供の進学に多額の費用がかかる、退職した後の生活費を確保しなければならない、などです。これらの事態は、人生の〝イベント〟と呼ばれています。

　アクシデントやイベントに備えてお金を貯めることを**貯蓄**といいますが、貯蓄の源泉は何でしょうか？それは、稼いで手に入れたお金です。サラリーマンの場合は給与という名目のお金が手に入ります。これを**収**

4

入といいます

　生きて行くのに必要なものを手に入れるとお金が出ていきます。これを**支出**といいます。したがって、給与の全額を貯蓄に回すのは無理です。

　しかし、支出を収入の範囲内に収めれば残りが生じます。この残りのお金は貯蓄へ回すことができます。

　すなわち、私たちが経済的に自立するには、自分の生活に必要な支出を収入の範囲内に収め、

収入ー支出＝貯蓄

の公式を確立しなければならないのです。これを図にすると、以下のようになります。

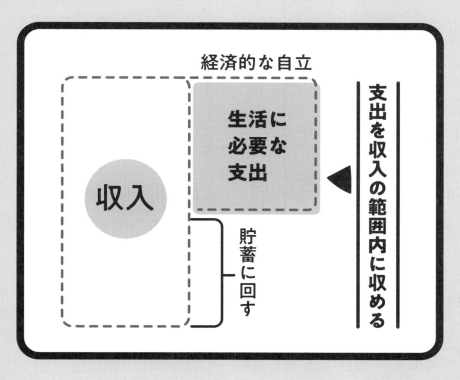

目的と目標額を 定めた貯蓄

支出を収入の範囲内に収めるのは、〝今稼いだお金を、今使う〟話なのでさほど難しいことではありません。むしろ難しいのは、将来のアクシデントやイベントに備える貯蓄です。

アクシデントやイベントは〝将来〟のことです。〝将来のことだ、まだ時間がある〟、〝その時はその時〟、〝なんとかなるだろう〟などと考えていては、将来のアクシデントやイベントに備えた貯蓄はできません。

貯蓄をしている人であっても漫然と貯蓄している人は、アクシデントやイベンに遭遇した際に〝一生懸命頑張って貯蓄してきたけれど、お金がぜんぜん足りない〟ということになりかねません。すなわち、**収入から生活に必要な支出をして、残ったお金を貯蓄するだけでは不十分なのです。**

将来のアクシデントやイベントに備えるには、何と何のためにいくらのお金が必要になり、それをある期間で貯えるには、毎月、いくらの貯蓄が必要かを計算し、そのお金が残るように支出を抑えなければならないのです。

したがって、さきほどの収入－支出＝貯蓄の公式は、

収入－貯蓄＝支出

の公式に改めなければならないのです。

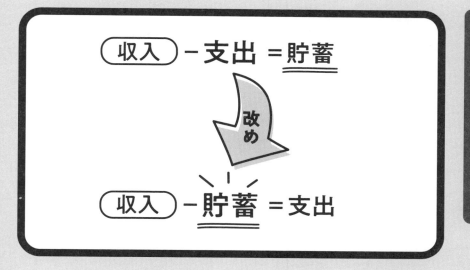

収入から貯蓄を差し引いた額を日常の生活のための支出に回すと、生活費が足りなくなる人がいるかもしれません。その場合は、日常の生活のための支出の内容を見直して、支出を止められるものがないか、金額を減らせるものがないか、を検討します。

もしそれでも足りなければ、毎月の貯蓄の額に無理があるということなので、毎月の貯蓄額を引き下げなければなりません。その結果、貯蓄した額がイベントに必要なお金を下回ることになりかねません。

そうなったら仕方がありません。思い切ってイベントの規模を縮小するか、あるいは必要な額が貯まるまでイベントの実施を延期せざるを得ません。

お金のアドバイザーの選び方

"**い**ろいろ難しいことばかりで大変だな、自分1人にできるのかな?"と考えている人は、銀行や証券会社、保険会社、不動産会社などにいる**ファイナンシャル・プランナー**や**ファイナンシャル・アドバイザー**に相談してみては、どうでしょうか?

その際、1つ注意してほしいことがあります。

銀行や証券会社などに属しているファイナンシャル・プランナーやファイナンシャル・アドバイザーは無料で様々なお金の相談に乗ってくれます。それは、彼ら彼女らは、所属している会社から給料をもらっているからです。

すなわち彼ら彼女らは、"無料相談に応じる"ことが仕事ではなく、所属している会社の商品やサービスを売ることが期待されているのです。もし、彼ら彼女らの意見を鵜呑みにして商品やサービスを選択すると、"自分にとって本当に必要なものを選べない"ということが起きかねません。

根本的なアドバイスが必要ならば、特定の銀行や証券会社等と繋がっていない、独立したファイナンシャル・プランナーやファイナンシャル・アドバイザーに自分のお金を支払って、アドバイスをもらう心構えが必要です。

主な
お金の流れ

繰り返しになりますが、将来のアクシデントやイベントに備えるには、まず、支出を収入の範囲内に収めなければなりません。そのためには、収入と支出にはどのようなものがあるのかを理解しなければなりません。

結婚前の人は各人、結婚した人にとっては各家庭ということになりますが、いずれの場合にも収入と支出があります。

収入は働くことで入ってくる、給与等のお金です。

これ以外でも、親や親族からの贈与、銀行等からの借入れ、過去の積立金の取崩しなどでも使えるお金は増えます。その意味では、収入の部類に入ります。

一方で、各人や各家庭には様々な支出があります。まず、税金や社会保険料、家賃や住宅ローンの返済、公共料金などの支出があります。その他にリスクに備えた保険料や、将来への貯蓄、日常の生活に必要な食料品や日用雑貨等への支出もあります。

将来のアクシデントやイベントに備えて貯蓄をすると、今支出に回せるお金が少なくなります。その意味では、貯蓄に回したお金も支出の1つとみなすことができます。

家庭を単位として収入と支出を一覧にすると、**図表 O-1** のようになります。

第1章以降では、**図表 O-1** の家庭のお金の流れを基にして、お金を稼ぐ、使う、貯める、増やすために知っておくべきことを取上げます。

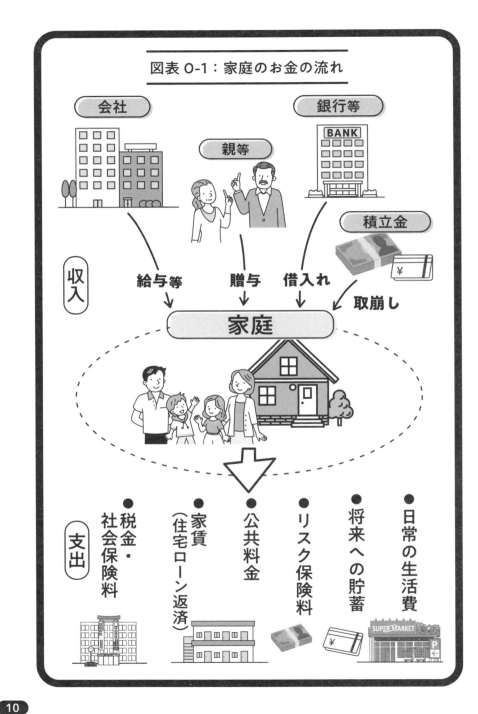

図表 0-1：家庭のお金の流れ

第1章

お金を稼ぐ
（収入を得る）

1. 収入の区分

図 **表0-1** では、収入として給与等、親等からの贈与、銀行等からの借入れ、積立金の取崩しを示しています。

これらの収入は、定期的に流入するものと、不定期に流入するものがあります。本書では、前者を定期収入、後者を臨時収入と呼びます。

給与等

会社員や公務員などのサラリーマンが受け取る給与は、毎月見込める収入なので、**定期収入**になります。

サラリーマンは会社等から受け取るボーナスもあります。多くの会社は年に2～3回の割合でボーナスを支給します。しかし、景気の動向によっては支給がなかったり、金額も増減したりして一定ではありません。ボーナスは、給与のように毎月あるものではないので、**臨時収入**になります。

贈 与

贈与は結婚費用やマイ・ホーム取得費用の一部について、親などから資金援助を受けるものです。

贈与は、それほど頻繁にあるわけではありません。一生に一度か二度、多くとも数度の稀な収入なので、臨時収入です。

借入れ

繰り返しになりますが、今使えるお金を増やすという意味では借入れ

も収入です。多くの家庭にとって、最も大きい借入れは住宅ローンでしょう。この他に自動車ローンを利用したり、カード・ローン、クレジット・カードのキャッシング・サービスなどを利用する人もいます。

　ただし勘違いしてならないのは、この借入れは、家庭に収入をもたらす一方、間違いなく将来の支出をもたらすということです。その支出は利息を含むので、収入よりも多い金額になります。

コラム
自営業者の定期収入

　自営業者の事業収入は、商品やサービスの販売収入から必要経費を差し引いたものです。これは〝利益〟あるいは〝儲け〟と呼ばれています。

　そして、この利益の中の一部、例えば半分を家族の生活のために使用する場合、これが自営業者の定期収入になります。

　図にすると、以下のようになります。

自営業者の定期収入

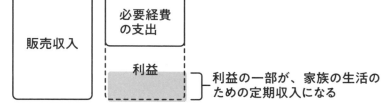

利益の一部が、家族の生活のための定期収入になる

　自営業者は、販売収入と必要経費の支出を会計帳簿に記録しています。この記録に基づいて、毎月、利益を計算します。

　毎月利益を計算するのが大変な場合は、過去の経験等に基づいて、販売収入の一定割合を利益と大雑把に見積もることも、おかしいことではありません。

借入れは、お金が手に入った瞬間は嬉しくなるかもしれませんが、喜んでばかりではいられない性質の収入だということを忘れてはなりません。

借入れは、そう頻繁に繰り返せるものではないので、これも臨時収入の１つになります。

積立金の取崩し

図表 0-1 では、積立金の取崩しを収入の１つとしています。これは、臨時的な、あるいは急な将来の支出に備えるために、臨時支出積立金などの名目で過去から積み立ててきた預金を取り崩すものです。これも、今使用できるお金を増やすので、収入とみなすことができます。

しかし、頻繁に取り崩せるものではないので、これも臨時収入になります。

その他

図表 0-1 には無いのですが、最近は、使用しなくなった物品をフリーマーケット、通称フリマで販売して、収入を得る人も増えています。これも臨時収入ですが、一度に入ってくる金額はそう多くはありません。

国や地方自治体からの給付金も家庭の臨時収入になります。最近では、コロナ感染の流行で少なくなった収入を補填するために、多くの人が給付金のお世話になった例があります。

まとめ

　家庭の収入を定期収入と臨時収入とに分けると、**図表1-1** のようになります。

図表1-1：定期収入と臨時収入

区　分	種　類
定期収入	●給与　●事業収入
臨時収入	●ボーナス　●贈与　●借入れ ●積立金の取崩し ●フリマ販売収入 ●国・自治体の給付金

　定期収入と臨時収入のお金の流れを明確にするために、定期収入を管理する預金口座と臨時収入を管理する預金口座を分ける方法があります。この方法を採ると、収入および支出の期間比較や残高の管理がしやすくなります。

2. キャリアの形成

定期的な収入を得るためには、仕事につかなければなりません。親から相続した金融資産の配当・利息や不動産の賃貸収入等で生活することができる人は別として、ほとんどの人は就職してサラリーマンになるか、自ら起業してあるいは親の事業を引き継ぐかをして、定期収入を得なければなりません。

就職するにしても起業するにしても、収入を増やそうとするならば、自分のキャリアを形成していかなければなりません。

なぜキャリアは必要か?

これまでに積み重ねてきた仕事上の経験やスキルのことをキャリアと言います。将来において収入を増やすには、仕事で経験を積み、スキルをアップしなければなりません。言い換えれば、人生において収入を増やすには、サラリーマンであれ自営業者であれ、キャリアを積み重ねることが大切です。

キャリアが高い人は、今の仕事を辞めてもすぐに新しい仕事が見つかる可能性が高く、あるいはより高収入を求めて転職することもできます。

これに対し、キャリアがない人の収入はいつまでも上がりません。何らかの事情で今の職場を退職した場合、新しい仕事を見つけるのも困難になります。ましてや収入アップを目的とした転職は無理です。

では、キャリアをアップするにはどうすればいいのでしょうか?

仕事をイメージする

子供のころから将来の夢を持って、それに向かって努力している人は

稀です。大学生でも、将来のことはぼんやりと考えている人が多いのではないでしょうか？

　しかし、キャリアの形成は、学校選びから始まっています。事情が許すならば、将来のキャリア形成のための知識とスキルを身に付けるために、高校卒業後は専門学校や大学へ進学することをお勧めします。

　進学する専門学校や大学を選ぶときは、将来の仕事を考えて、その仕事の基礎知識やスキルが学べる学校を選びます。

　また、仕事がうまくいかなくて転職することになった場合に備えて、会計や外国語などのように応用の利く広い知識やスキルを身に付けておくことも忘れてはなりません。

　専門学校や大学で学んだ基礎知識とスキルは、その後のキャリア形成の土台となり、様々なキャリアを積み重ねる機会をもたらします。

キャリアの
積み重ね

専門学校や大学で学ぶ基礎知識やスキル

就職先を選ぶ

　就職先を選ぶときは、最初に、会社を選ぶのか、それとも職業を選ぶのかを決めなければなりません。

　会社を選ぶ人は、とにかくその会社に入りたいという気持ちがある人です。例えば、あこがれのスポーツ選手に合うチャンスを高めるために、その選手が所属するチームの親会社に就職するというケースです。このケースでは、その会社に入社できたら、どのような仕事でもしますという考えが根底にあります。

　他方、職業を選ぶ人は、会社にはこだわりません。とにかくその仕事がしたいので、どこの会社でもいいという気持ちがある人です。例えば、アナウンサーになれるのであればどのテレビ局でもいいとか、事件記者になれるのならばどの新聞社でもいいというケースです。

　職業を選ぶときは、その仕事は自分に向いているか、面白そうか、などという報酬以外の面も検討します。自分が興味を持てない仕事は長続きしないので、興味が持てるか否かは、仕事選びの大きな要素です。

　それ以外にも、休日は休めるか、残業や転勤は多くないか、ノルマは厳しくないか、若年者の離職率は高くないか、などの労働環境も検討します。

　社会人になりたてで、仕事に慣れるために多くの仕事に挑戦し、長時間の勤務に耐え、様々なトレーニングを積むのは、長いキャリア形成のために役立つかもしれません。

　しかし、その期間が過ぎたら生活と仕事とのバランスを考えます。キャリア形成を持続させるには、生活と仕事を両立できる就職先を選ぶことが大切です。

　労働環境を事前に知ることはなかなか難しいことですが、少なくとも仕事を選ぶときはそれを意識して、可能な限り多くの情報を集める必要があります。

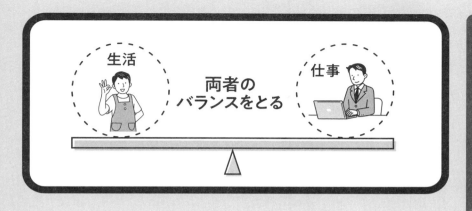

キャリアの考え方

　社会人になって仕事を始めた直後は、ごく狭い範囲の仕事しか任されません。しかし、それを積み重ねるとだんだん広い範囲に責任を持つ仕事が与えられます。広い範囲に責任がある仕事への挑戦はキャリア形成には不可欠です。

　当然ですが、広い範囲に責任が及ぶ仕事に就くには、それに必要な経験とスキルを備えていることが前提になります。その経験とスキルを習得するために、毎日の仕事の中でトレーニングを続けなければなりません。

　トレーニングは職場が提供することもありますが、そうでなければ休日や終業後の時間を利用して自分で続ける必要があります。

　同じ職場にいても広い仕事に就かせてもらえない、残業が多くて自己トレーニングの機会が得られない、というのならば、トレーニングの機会を与え、より広い仕事を任せてくれる職場に替わることも考えなければなりません。

　キャリアの形成が進まないことを職場や他人のせいにしてはなりません。何んだかんだいっても、キャリアの形成は自分の責任なのです。

キャリア・アップする人

転 職

　ここでは、キャリア形成のために職場、すなわち会社を替わることを転職といいます。同じ会社の中で技術や営業、経理や人事などの他の職種の経験を積むのは人事異動であって、ここで取り上げる転職ではありません。

　転職するときは、将来自分がどうなりたいかを考えて新しい仕事先を選ぶ必要があります。新しい職場の選び方には2通りあります。

　1つは同じ職業で、責任範囲が広い仕事を経験できる職場に移る方法です。アナウンサーがテレビ局を変わって、あるいはフリーになって、より幅の広い仕事の経験を積むことなどです。これは、その仕事のプロフェッショナルを目指す人のキャリアと言えるでしょう。

　もう1つは、別の会社に移って広い範囲に責任を持つ職業に就く方法です。例えば、人材派遣会社の業界で、会社を変わりながら広い範囲の仕事に挑戦していくものです。これは、その業界でゼネラリストを目指す人のキャリアと言えるでしょう。

　これに対し、業界と職業の両方を変える人もいます。例えば、アナウンサーの経験を活かして役所や会社の広報担当になるとか、俳優やタレントを目指すなどです。これもキャリアを活かしたステップ・アップと

いえます。

　他方、キャリアを活かせない転職を繰り返す人もいます。例えば、小売店の販売員から運送会社の配達員、警備会社の警備員などに仕事を替える人です。このような人は、前の仕事で積んだ経験とスキルがその後の仕事に引き継がれていません。キャリアが途切れてしまっています。これではキャリアをアップさせることはできません。

　収入のアップも期待できませんし、新しい仕事に慣れるまで、自分も苦労をすることになります。

キャリア・アップと収入増加

　キャリアをアップさせていくと、その報酬、すなわち収入も増えます。なぜでしょうか？

　ここでは、報酬を支払う側、すなわち人を雇う側からその理由を見ていきます。

　人を雇う人を**事業者**、事業者のために働く人を**労働者**と呼びます。労働者は顧客へサービスを提供し、サービス料を得ます。事業者は労働者へ報酬を支払います。この時、事業者は〝労働者へ支払う報酬は、労働者が顧客から受け取るサービス料以内でなければならない〟と常に考えます。

　例えば、顧客から得るサービス料が10万円ならば、労働者に支払う報酬は、それ以下でなければならないのです。もしそうでなければ、事業者は損をしてしまうからです。

　キャリアを積み重ねて高いスキルを持つ人は、高品質のサービスを効率よく顧客へ提供することができます。その結果、顧客から得る対価が30万円になるかもしれません。そうなれば事業者は、労働者へ10万円以上の高い報酬を支払うことができます。

　このようにして、キャリアの高い人は高い報酬を手に入れることがで

きるのです。

副 業

　収入を増やすもう1つの方法は、副業です。

　これまでは副業を禁止する会社が多かったのですが、労働者が安心して副業や兼業に取り組めるようにすることを目的とした**「副業・兼業の促進に関するガイドライン」**を2018年1月に国が策定してから、副業を認める会社が増えました。

　副業を認めている会社の従業員は、終業後や週末などの自由な時間を使って、自分の特技や趣味を活かした副業をしたり、週5日の仕事を4日でこなし、残り1日を他社で契約社員として働いたりしています。

　2022年10月に公表された日本経済団体連合会のアンケート調査結果では、回答企業の53.1％が「自社社員の社外での兼業・副業を認め

ている」と回答しています

　副業に関心を持つ人があげる理由としては、給与の伸びが止まっているので収入を増やしたい、キャリア・アップや自己成長に役立てたい、自分の能力やスキルを社外で試す機会を得たい、既存の職場を離れることなく新しいキャリアに挑戦したい、などがあります。

　他方、会社が副業を容認する理由には、従業員の収入を補填することや副業で得た知識や情報などを自社の事業に活かすことがあります。

　さらに、副業者を受け入れる会社は、転職市場では争奪戦になるような優秀な人材を、予算を抑えて確保できる、きっかけがあれば正社員として迎える事ができる、などのメリットを感じています。

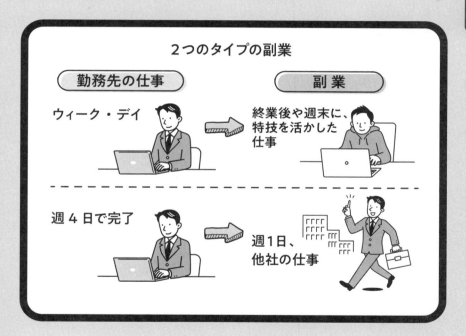

2つのタイプの副業

勤務先の仕事　　　　　副業

ウィーク・デイ　　　　終業後や週末に、特技を活かした仕事

週4日で完了　　　　　週1日、他社の仕事

マルチ商法

　副業としてマルチ商法に手を出す人がいます。マルチ商法は、一般の人が商品を販売する会社の会員になり、他人へ商品を販売すると売上の一部が自分の収入になるものです。さらに、新しい会員を勧誘すると手数料が手に入るという仕組みもあります。

　マルチ商法は、最近はネットワーク・ビジネスなどとも呼ばれています。カタカナ用語で呼ばれるので、一見すると新しいビジネス・システムのように見えますが、すでに100年以上前からある詐欺まがいの商法の1つです。

　どこが詐欺かというと、売上のほとんどが会員に対する売上なので、会員が増えないことには売上は増えません。また、会員を増やすとしても、人口には限りがあるので、無限に会員の拡大が続くわけではありません。

　また、会員は、毎月一定金額を買い取らなければならない契約になっているケースもあります。こうなると、買い取った商品を無理にでも誰かに販売しなければなりません。しかし、営業のトレーニングを受けていない一般の人が全然知らない人に商品を販売するのは、とうてい無理です。どうしても知人や親戚を相手にすることになります。これがきっかけで、長年の友人や親戚との関係が悪くなることもあります。

　もちろん、きちんとしたネットワーク・ビジネスをしている会社は、たくさんあります。しかし、販売している商品が怪しげだ、販売する商品は会員の買取り制になっている、新規会員の勧誘を優先的に要求している、というような会社は要注意です。

退職する場合の礼儀

　ここがいいだろうと思って就職しても、失敗に終わることもあります。残念ですが、その時は職場を変わるしかありません。あるいは、キャリア・アップのために転職することもあります。

　新しい職場を選ぶときは、なぜ今の職場はだめだったのか、今の職場の何が自分に合わなかったのかをじっくり反省し、同じ過ちを繰り返さないようにしなければなりません。

　新しい職場が決まる前に今の職場を辞めると、新しい仕事が見つかるまでは無職の期間を過ごすことになってしまいます。これは**キャリア形成の中断**にもなるので、絶対にやめましょう。

　あなたが今の職場を去ったら、今の職場はあなたの仕事を引き継ぐ人員を確保しなければなりません。その時間を与えるためにも、新しい職場が決まったら早めに退職の意思を伝えます。これは最低の礼儀です。

　あなたが新しい職場へ提出した履歴書の内容を確認するために、あなたが経験した仕事の内容、仕事ぶりや能力などについて記述した書面提出を求める会社もあります。あなたは、この書面の作成を今の職場の上長にお願いすることになるかもしれません。

　退職後も、新しい仕事の関係で世話になったり、新しい職場や生活上の悩み事を打ち明けたりして、世話になることもあります。職場を去るにあたっては、くれぐれも喧嘩別れしないように気を付けなければなりません。

3. 起業

こ　れまでのキャリアを活かして、あるいは副業がきっかけで、起業を志す人もいます。起業するにあたっては、どのような事業を始めるのか、組織形態はどうするか、事業経験を積むためにフランチャイズに加盟するか、必要な資金をどうやって集めるか、などを決めなければなりません。

会社の種類

　起業する場合、個人の事業として始めることもできますが、その場合は事業上の借金はすべて個人で負わなければなりません。下手をすると、借金で全財産を失うことになりかねません。

　それを避けるために、会社を設立して、会社で事業を行うのが一般的です。会社で事業を行えば、会社の借金は会社の借金となり、会社は保有する財産の範囲で責任を持って返済します。

　会社を設立した人は、会社設立の際に出資した資金を放棄することになるかもしれませんが、それ以上の負担を求められることはありません。

　今、日本で設立できる会社には株式会社、合同会社、合名会社、合資会社があります。設立が多いのは株式会社と合同会社です。

● 株式会社

　株式会社の出資者は**株主**と呼ばれ、会社の経営に携わる人は経営者と呼ばれます。両者は分かれているのが一般的です。経営者は、会社の設立者のみならず、他の多くの株主から大きな資金を集めることができます。

　すなわち株式会社は、大きな資金を必要とする製造業や外国との

貿易などを行う大規模な会社などに適した会社形態と言えるでしょう。

● 合同会社

　他方、合同会社は**出資者**が経営者となるために、集められる資金の額は限られます。しかし、出資者と経営者が同じであるために、同業者が一緒に事業を始めるケースなどに適した会社形態といえます。

　合同会社は、1人でも設立することができます。合同会社の設立者は経営者として、事業上の借金を個人で背負うことなく事業を始めることができるのです。

　さらに、合同会社の資本金は1円以上であればよく、設立するのに掛かる費用は大体6万円くらいで、株式会社の15万円と比べても安くできます。

事業の種類

　会社を大きく分けると、食料品や衣類、PC などの物品を販売する会社と、種々のサービスを提供する会社に区分することができます。前者は**物品販売会社**、後者は**サービス会社**と呼ばれます。

● 物品販売会社

　物品を販売する会社でも、自分で製造した商品を販売する会社と、他社が製造した商品を仕入れて販売する会社があります。前者は**生産会社**、後者は**販売会社**と呼ばれています。さらに販売会社は、**卸売会社**と**小売会社**に分けられます。

　その間を物品は流れていき、消費者へ届けられます。

　これを図にすると、**図表 1-2** ようになります。

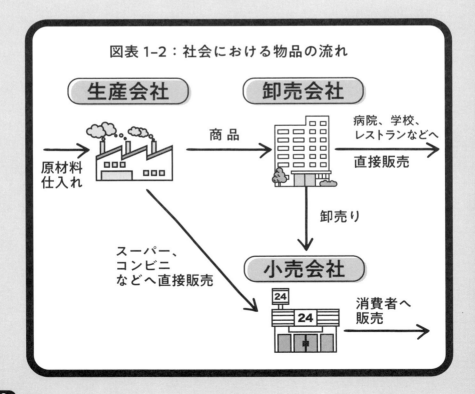

図表 1-2：社会における物品の流れ

　図表1-2 は、伝統的な商品の流れです。しかし今日では、インターネットが普及して、生産会社と消費者が EC サイトを介して直接取引するケースが増えています。そこには、卸売会社や小売会社は、もはや介在しません。これを図にすると、**図表1-3** のようになります。

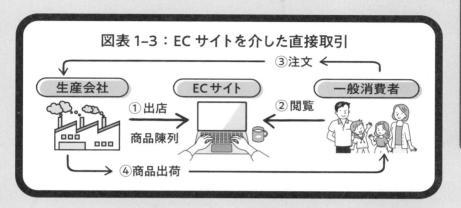

図表1-3：EC サイトを介した直接取引

生産会社　　　　EC サイト　　　　一般消費者

①出店
商品陳列　　　②閲覧　　　③注文

④商品出荷

● サービス会社

　サービス会社にも様々な種類があります。大きく分けると、鉄道会社やホテル、テーマパークや映画館などのようにもっぱら施設を使ってサービスを提供する会社と、理容師や美容師のように自らの手でサービスを提供する会社があります。

　現在は物品販売業を営む会社の割合が圧倒的に多いのですが、今後は IT やデジタル関係の会社が活躍する場が広がると予想されるので、サービス業を営む会社の割合が増えていくと推測されます。

フランチャイズの可能性

　起業する際の選択肢にフランチャイズ契約があります。フランチャイズ契約は、**フランチャイザー**となる本部と**フランチャイジー**となる加盟店が契約を結び、加盟店が本部へ**ロイヤリティ**を支払って、本部の商標権を使用する権利や商品やサービスを販売する権利を取得するビジネス・システムです。

通常フランチャイザーは明確なビジネスのコンセプトを確立し、強硬なブランドと知名度を持っており、日本国内はもちろん、世界中で手広くビジネスを展開しています。

フランチャイジーには、株式会社や合同会社もなれます。未だ経験が無くて事業経営に不安を持っている人にとっては、合同会社を設立してフランチャイジーとして事業を始めるのも一方です。

資金の調達方法

会社が物品を生産し販売する、あるいはサービスを提供する場合、その活動には**土地**、**労働力**、生産・販売用設備や原材料などの**生産財**が必要です。これらを揃えるには、大きな資金が必要です。

● 設備資金と運転資金

必要な資金を考える際は、設備資金と運転資金に分けるのが一般的です。

土地や機械装置などの生産設備、営業所や輸送用車両などの販売施設を購入もしくは建設するための資金が**設備資金**です。

労働力や原材料、種々の物品やサービスなど、日々の事業運営に必要な資源を調達するための資金が**運転資金**です。

● 直接金融と間接金融

設備資金にしても運転資金にしても、まずは自分が保有する資金を充当します。それでも不足する場合は、第三者から調達することを検討します。それにはいくつかの方法があります。

まず、個人投資家に株式や社債を発行して調達する方法です。この方法は〝**直接金融**〟と呼ばれています。

銀行等の金融機関から借入れをして調達する方法もあります。この方法は〝**間接金融**〟と呼ばれています。金融機関が資金を貸すことを**融資**と言います。

この関係を図にすると、**図表 1-4** のようになります。

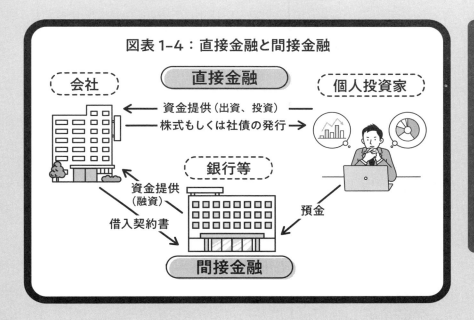

図表 1-4：直接金融と間接金融

● 株主出資の発展段階

　株式を発行して資金を調達する方法には発展段階があります。こ
れを図にすると**図表 1-5** のようになります。

図表 1-5：株主出資の発展段階

起業する人が自分の貯蓄を会社の資金として拠出する

親や親戚、友人等に資金を拠出してもらう

エンジェルと呼ばれる個人投資家やベンチャー・キャピタルと
呼ばれる機関投資家等の特定の出資者に資金を拠出してもらう

株式を証券取引所に上場して、不特定多数の人に資金を
拠出してもらう

これから明らかなように、最初は、自分の貯蓄を会社へ出資します。言い換えれば、設立段階では自分でなんとかするしかない、ということです。起業を考えている人は、最初の数か月間の運転資金をまかなえるくらいの貯蓄をしておくことが望まれます。

やがて事業が有望であることが知れ渡ると、それを知った親や親せき、友人なども資金の拠出に応えてくれるようになります。

販売する商品やサービスが社会に受け入れられるもので、社会生活を豊かにすることが明らかになると、数千万円から数億円規模の出資に応じてくれる**エンジェル**や**ベンチャー・キャピタル**が現われます。

そして最後が証券取引所への上場です。証券取引所に上場すれば、不特定多数の出資者に株式を発行して多くの資金を調達する機会を得ることができます。

事業企画書

第三者に出資や融資を依頼するときは、**事業企画書**を作って〝自分が始めようとする事業に資金を提供すれば儲かるよ〟ということをアピールします。

事業企画書というのは、「このような事業をやりたいが、それにはこれくらいの資金が必要だから、出資、もしくは融資をお願いします」という事業内容の説明書です。事業企画書には、事業年度ごとの売上高、利益、配当や利息の支払額なども記載します。

以下は、事業企画書の事業内容、予想貸借対照表、予想損益計算書の例です。

事業内容

わが社は会計処理のクラウド・サービスを行います。このサービスを利用する顧客は、自動で財務諸表と税務申告書を作成することができます。

わが社の従業員は、顧客の要望に応じて、もっぱらシステムの改良に従事します。

当然ながら、顧客が増えれば売上は伸びます。しかし、システムの改良費（売上原価）の発生は固定的なので、売上の伸びに伴って増えることはありません。

すなわち、売上の伸び率以上に利益が増えていく事業構造です。

予想貸借対照表

（単位：千円）

	2022年	2023年		2022年	2023年
現金	500	108,000	借入金		100,000
PC等	500	10,000	その他		
事務所内装		5,000	資本金	3,000	23,000
その他		5,000	繰越剰余金	(2,000)	5,000
	1,000	128,000		1,000	128,000

・2023年初めに、取引銀行から年4％の利率で1億円を期間5年で借入予定。
・2023年初めに、1株1,000円で2万株を発行する予定

予想損益計算書

（単位：千円）

	2022年	2023年	2024年	2025年	2026年	2027年
売上高	0	25,000	60,000	120,000	200,000	400,000
売上原価	2,000	4,000	6,000	10,000	20,000	30,000
売上総利益	(2,000)	21,000	54,000	110,000	180,000	370,000
販売・管理費	0	10,000	30,000	40,000	50,000	60,000
支払利息	0	4,000	4,000	4,000	4,000	4,000
税引前利益	(2,000)	7,000	20,000	66,000	126,000	306,000
法人税等	0	0	7,000	25,000	40,000	100,000
当期利益	(2,000)	7,000	13,000	41,000	86,000	206,000
予想支払配当		0	2,300	4,600	4,600	4,600

4. 預金口座

昔は、毎月給料日になると、会社は銀行から現金を取り寄せて、それを給料袋に詰めて、従業員に手渡していました。

　しかし現在では、給料はほぼすべて従業員の預金口座への振込みです。

口座開設

　銀行等に預金口座を開設すれば、口座自動振替えによる送金などの、様々なサービスを享受することができます。

　口座を開設するために、昔は多くの書類を提出したのですが、今日ではスマホで開設できるようになりました。

　預金口座は、**普通預金**や**定期預金**などの預金の種類ごとに開設することができます。同じ種類、例えば普通預金の口座を複数持つこともできます。複数の普通預金口座を持てば、預金の利用目的ごとに使い分けることができます。

　例えば、会社からサラリーマンの口座へ振り込まれた給与の一部を貯蓄用の口座へ自動振替えで移して日常の生活のために使用する口座と切り離せば、貯蓄が持続しやすくなります。

預金は安全か？

　現金を家においておくよりも銀行に預けたほうが火災や盗難、紛失から守ることができます。昔は、銀行にお金を預けておけば安心・安全と思われていました。

　しかし、情報技術が発達し、支払手段が多様化した現代においては、預金が勝手に引き出されたり、知らないうちに借金を背負ったりするこ

とがあるので、注意が必要になりました。

●なりすまし

なりすましは、あなたの知らない誰かがあなたになりすまして、あなたの預金を引き出したり、あなたの名前で勝手に借金したりすることです。

預金の引出しは、預金口座からお金が盗まれることです。キャッシュ・カードと暗証番号が盗まれたり、ネット銀行のIDやパスワードが盗まれたりすると、口座のすべての預金が引き出されてしまう危険性があります。

最近は、金融庁や銀行の行員、警察官などを名乗って、堂々と被害者の自宅まで出向いて、キャッシュ・カードを受け取り、暗証番号を聞き出す手口まで現れています。

クレジット・カードの暗証番号が盗まれて、勝手に買い物をされたり、キャッシングされたりすることもあります。暗証番号は、クレジット・カードで買物をして暗証番号を入力したところを見られて、あるいはカード番号を伝えた電話が盗聴されて盗まれることがあります。

カードを利用したお店のカード読み取り機に仕掛けがあり、そこから盗まれることもあります。

●対策

なりすましの被害に合わないように、個人情報の管理をしっかりと行い、他人に口座番号やカードの暗証番号を知られないようにしなければなりません。主な対策には、次頁のようなものがあります。

○こちらに心当たりがいないのに、手紙や電話、インターネットで個人情報を尋ねられても、答えない。

○キャッシュ・カードに暗証番号を書いたり、財布の中にキャッシュ・カードと一緒に暗証番号を書いた紙を入れたりしない。

○ATM を操作する時は、他人に暗証番号を見られない位置に立つ。

○クレジット・カードの利用明細をこまめにチェックし、身に覚えのないカード利用を発見したら、早急にカードを停止させ、再発行を依頼する。

○身に覚えのないカード利用については、直ぐにカード会社へ問合せをする（該当のカード利用について、カード会社が不正利用と認定した場合は、被害を補償してもらえます）。

○古いキャッシュ・カードやクレジット・カードを捨てるときは、必ずハサミで切ってから捨てる。

○スマホにデビット・カードやキャッシュ・カードを利用するアプリをインストールしている場合は、パスワードでロックする。

　なおこれらは対策の一部であり、これで十分なわけではないのでご留意ください。

第2章

お金を使う
（支出する）

1. 支払手段

長い間、日本では現金が支払いに用いられてきました。しかし、今日では、プリペイド・カード、デビット・カード、クレジット・カード、モバイル決済（スマホ決済）などが用いられています。

本章では、まず、このお金を支払う手段の特徴について見ていきます。

プリペイド・カード

プリペイド・カードは、あらかじめ入金しておいた金額の範囲内で買い物ができるカードです。カードにお金を入金することを、**チャージする**といいます。

プリペイド・カードでは、買い物ができる金額はカードにチャージされた金額が上限となるので、使い過ぎの防止になります。

デビット・カード

最近発行される銀行のキャッシュ・カードにはデビット・カードの機能が付いています。デビット・カードを使用して買い物をすると、その瞬間に銀行の預金口座から代金が引き落とされます。

デビット・カードを利用すれば、手元に現金が無くとも、預金口座の残高まで買い物をすることができます。

クレジット・カード

クレジット・カードのネットワークに加入しているお店であれば、預金口座に残高がなくともカードで買い物をしたり、食事をしたりするこ

とができます。

● クレジット・カードの仕組み

　　クレジット・カードを利用した買い物代金の支払いの仕組みは、**図表 2-1** のようになっています。

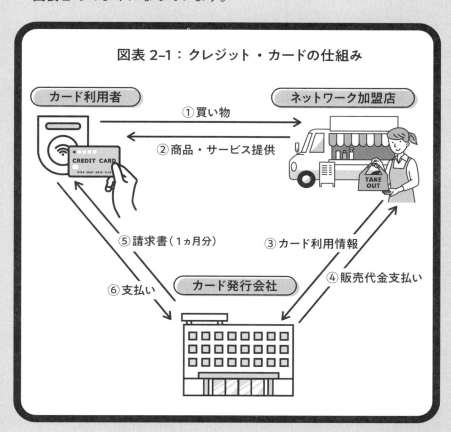

図表 2-1：クレジット・カードの仕組み

図表 2-1 の中で、カード利用者がカードで買い物をすると（①）、カード発行会社はすぐにカード利用代金から手数料を引いた金額をネットワーク加盟店へ支払います（④）。手数料は販売代金の３％前後です。

　カード発行会社は、１ヵ月分のネットワーク加盟店での利用代金をカード利用者へ請求し（⑤）、代金を回収します（⑥）。

　カード利用者が３回以上の分割払いやリボ払いを選択した場合は、未返済残高に対して利息を徴収します。

　ネットワーク加盟店から受け取る手数料と、カード利用者から受け取る利息がカード発行会社の収入になります。

● クレジット・カード利用の意味

　クレジット・カードを利用すれば、預金口座に残高がなくても買い物をすることができますが、これは翌月の収入で支払わなければなりません。

　すると翌月は、収入金額からクレジット・カード利用代金を返済した後の金額しか消費に回せないことになります。これを図で表すと、以下のようになります。

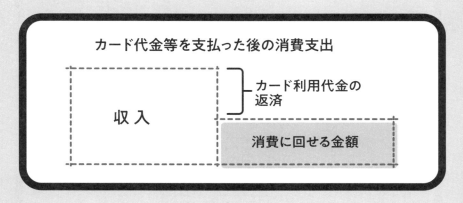

　このことを理解して、クレジット・カードの利用が過度にならないように注意しなければなりません。

● 利用代金の支払方法

　クレジット・カード利用代金の支払方法には、カード利用の翌月（利用日によっては翌々月）に支払う1回払い、ボーナスの月に支払うボーナス払い、分割払い、リボ払いの4種類があり、カード利用時に選択することができます。

　これらの違いを簡単に一覧表にすると、以下のようになります。ここに示したように、支払回数が3回以上の分割払いとリボ払いは利息が掛かります。すなわちこれは、クレジット・カード発行会社からの借入れに該当します。

クレジット・カード利用代金の支払方法の比較

支払方法	特　徴
1回払い	●1ヵ月分の利用代金を翌月（利用日によっては翌々月）に一括で支払う、一番オーソドックスな支払方法 ●利息は掛からない ●日常の少額決済に頻繁に利用される
ボーナス払い	●夏または冬のボーナスが入る月に支払う方式 ●利息は掛からない ●支払いをボーナスの月まで先延ばしできるので、必要なものを今すぐに購入できる
分割払い	●支払回数を指定し、複数回に分けて支払う方式 ●大きな金額の買物をするときに便利 ●分割の支払回数が3回以上になると、利息が掛かる
リボ払い	●カード利用代金の大小にかかわらず、毎月の支払額を一定金額に固定して支払う方式 ●毎月の収入金額が少ない場合でも、それを超える金額の買い物ができる ●未返済残高に利息が掛かる

● 分割払いの潜在リスク

　クレジット・カードを利用したときに分割払いを選択すると、1回当たりの返済額は少なくなります。返済額が少なくなるのに目を奪われて分割払いの購入を繰り返すと、下の図のように支払額が累積していき、最後は、1ヵ月の収入以上の支払額になることも珍しいことではありません。

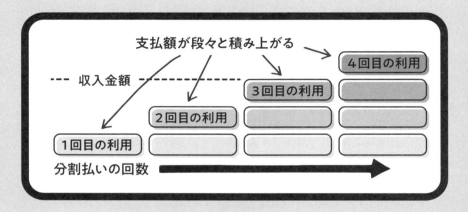

　したがって、分割払いの残金を正確に管理し、毎月の返済額を収入の一定範囲内に収めなければなりません。

● リボ払いのワナ

　リボ払いはリボルビング払いの略です。これは、クレジット・カードでショッピングやキャッシング（**第3章**で取り上げます）をした場合の利用代金を、1回の利用金額にかかわらず、毎月一定金額を返済する方法です。

　言い換えれば、いくら買い物をしても、毎月の支払額を一定金額に抑えることができます。分割払いのように、毎月の支払額が累積して増えることはありません。

　リボ払いでは、未返済額には利息が発生します。毎月の返済額が少なければすくないほど返済期間が長くなるので、支払う利息の総額も増えていきます。

さらに、最初のリボ払いの返済が終了する前にリボ払いを繰り返すと、未返済額がどんどん増えていきます。それでも返済額は、従来と同じ一定ですが、支払期間はどんどん先へと延びていきます。

これを図にすると、以下のようになります。

リボ払いの繰返し

| 1回目の利用 | 2回目の利用 | 3回目の利用 | 4回目の利用 |

→

返済金額は、毎月、同じ。しかし、返済期間は、どんどん伸びる

気が付いたときは、５年も６年もの先々まで返済を続けなければならなくなることも珍しいことではありません。当然ですが、支払いが終わるまでは、利息を支払い続けなければなりません。

したがって、リボ払いの未返済残金には、常に注意を払わなければなりません。

モバイル決済（スマホ決済）

●内容

最近は、若い人を中心にカードの替わりにスマホ（スマートフォン）を利用して買い物をする人が増えています。このスマホでの支払いに使われるシステムがモバイル決済です。

これは、スマホに専用のアプリをダウンロードすると、お店に設置してあるモバイル決済に対応した端末にスマホをかざすだけで、オンラインで支払いができるものです。

●仕組み

なぜ支払いができるかというと、ダウンロードした専用アプリが

クレジット・カードやデビット・カードと連携していて、最終的に
スマホ利用者の預金口座から自動引落しで利用代金が支払われるか
らです。

●支払方法

　支払方法は、プリペイド・カードのように事前にお金をチャージ
して使用するものと、デビット・カードのように利用と同時に預金
口座から引き落とされるもの、クレジット・カードのように利用代
金を後払いするものがあります。

　このようにスマホによる支払いは、プリペイド・カードやデビッ
ト・カード、クレジット・カードによる支払いがスマホに置き換わっ
たものなのです。

　クレジット・カードと連携したモバイル決済の仕組みを図にする
と、右図のようになります。

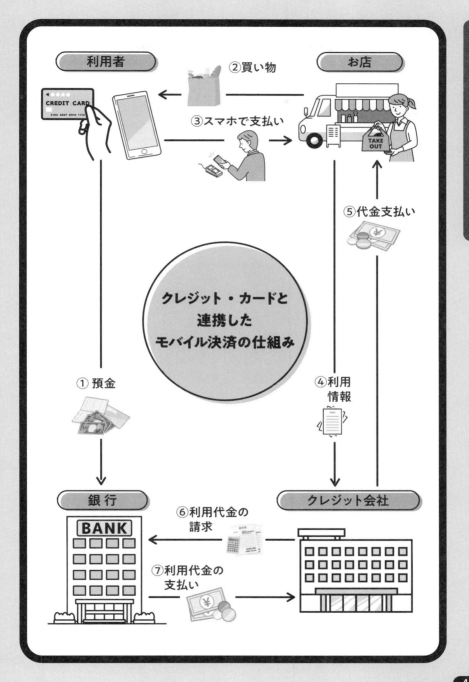

利用者

②買い物

お店

CREDIT CARD

③スマホで支払い

⑤代金支払い

クレジット・カードと
連携した
モバイル決済の仕組み

① 預金

④利用
情報

銀行

⑥利用代金の
請求

クレジット会社

BANK

⑦利用代金の
支払い

2. 給与の流れと支出

図 **表 0-1** では家庭の大まかな支出の内容を見ました。ここでは、より詳細に支出の流れを見ていきます。

　サラリーマンの定期収入は給与です。この給与が毎月の支出、すなわち定期支出の原資になります。サラリーマンが受け取る給与の流れは、以下のようになります。

　まず会社は、給与総額から税金や社会保険料などを天引きし、手取り

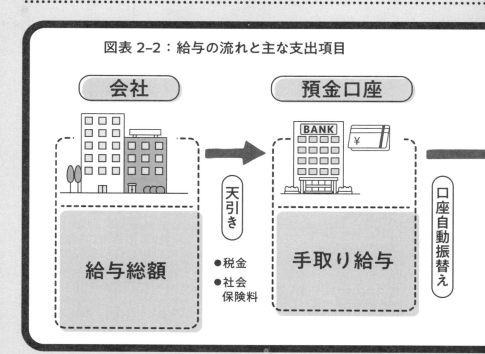

図表 2-2：給与の流れと主な支出項目

額を従業員の預金口座へ振り込みます。

　契約に基づいて、公共料金、住宅ローンやその他の各種ローンの返済額、クレジット・カードの利用代金、生命保険などのリスク保険料、各種の貯蓄額などが預金口座から自動的に振り替えられます。自動振替え後の預金は、日常生活のための支出に充てられます。

　このお金の流れと主な支出項目を示すと、**図表 2-2** のようになります。

　次頁以降に主なものを取り上げます。

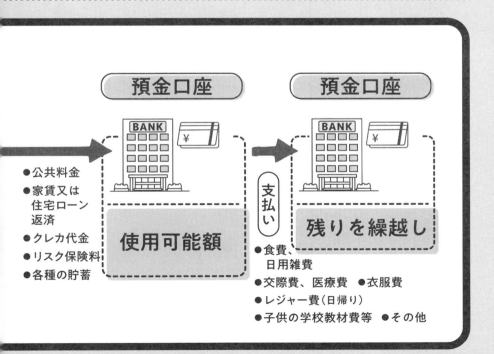

天引きの税金・社会保険料

　最初は、**税金**と**社会保険料**です。これは法律で決まっている義務的な支出です。天引きされる税金は国税である所得税と地方税の住民税です。

　サラリーマンの場合、税金と社会保険料は給与から天引きで源泉徴収されるので、支出として意識することはほとんどありません。

　しかし、自営業者や退職者の場合は自分で納付するので、はっきりと支出として認識できます。

口座自動振替えの家賃等

　次は、預金口座から自動振替えされる**公共料金**の支払い、住宅の家賃の支払いや**住宅ローンの返済**です。

　クレカ代金はクレジット・カード利用代金の支払いです。

　次の**リスク保険料**ですが、病気やケガ、死亡などのように、起きるか起きないかわからないリスクに備えた保険の保険料です。これについては、項を改めて取り上げます。

　将来に備える**各種の貯蓄**も、口座自動振替えされるのが一般的です。これについても頁を改めて 取り上げます。

日常の生活費

　口座自動振替えが終わった後の預金残高は、日常の生活のための支出に回されます。この支出は広範に及びます。代表的なのは、食料品や日用雑貨、交際、医療、衣服、レジャー、子供の学校教材等、などへの支出です。

　口座自動振替えされる公共料金の支払いも日常の生活のための支出です。

　これらは、毎日繰り返す支出です。

　日常の生活のための支出には、前掲のほかに、1年に1～2度の帰省や旅行、スーツや外出着のための支出、あるいは数年に一度の割合で購

入する家具や家電製品のための支出もあります。

　これらは、毎日繰り返す支出ではないので、ボーナスから支払われる臨時的な支出とします。

　このように一口に〝日常の生活のための支出〟と言っても、支出するタイミングと金額には、ばらつきがあります。

リスクと保険

●リスクの種類と保険

　起きるか起きないかが不確実な出来事をリスクと言います。人生におけるリスクには、事故や事件での死亡、病気やケガ、事故の賠償責任、火災、地震や台風・水害などの自然災害などがあります。

　これらはいつ起こるのかわかりません。起こらないかもしれません。他の人には起こらなくとも自分には起こることもあります。その逆もあります。

　しかし、リスクが実際に起きたならば、大きな出費になる可能性があります。このような予測不能なリスクのすべてに対して、1人の人間が備えるには限界があります。

　そこで保険を利用します。保険を利用すれば、少ない負担（掛金）で大きな補償を得られるメリットがあります。各リスクに対しては、次頁のような保険があります。

リスクの種類と保険

リスクの種類	保険
死亡のリスク	終身保険、定期保険などの生命保険
病気や傷害のリスク	医療保険、がん保険、傷害保険など
賠償責任のリスク	個人賠償責任保険、自動車保険など
火災や災害のリスク	火災保険
地震のリスク	地震保険

これらの保険料の支払方法には月払い、半年払い、年払い、一時払い、全期前納などがあり、自分で選択することができます。

リスクは、家族構成や居住環境によって、人様々です。したがって、自分の家族や生活環境を見まわして、考えられるリスクに対する保険を見極めて加入する必要があります。

例えば、守る家族がいない独身者の場合は、アクシデントに備えた貯金をしていれば、それ以外の保険に加入する必要性は低いかもしれません。

他方、子供の進学や退職後の生活のように、起きることがほぼ確実なものはリスクとは言いません。したがって、子供の教育費の支出に備えた学資保険、老後資金の確保のための個人年金保険など、貯蓄性が高い保険はリスク保険には含めていません。

● 保険の定期的な見直し

すでに取り上げたように、人生におけるリスクは、家族構成や居住環境などの変化によって変わります。あるリスクの程度は高まり、他のリスクの程度は低くなるのが普通です。

例えば、一家の大黒柱の死亡によって、家庭の収入が激減することがあります。したがって、まだ扶養しなければならない家族がい

る若い人ほど、生命保険の必要性は高くなります。しかし、子供が独立すれば、残された配偶者の生活に備えれば十分なので、以前ほど大きな補償は必要なくなります。

他方、老齢になると病気やケガをしがちです。その治療に多額の医療費がかかることもあります。それに備えた医療保険が必要になるかもしれません。

このように、過去に契約した保険の補償が必要なくなっていることもあれば、別な補償が必要になっていることもあります。

したがって、必要な保険の種類、補償額は定期的に見直す必要があります。

各種貯蓄と口座の区別

将来における突然の大きな支出に備えて貯蓄は必須です。すでに述べたように、余ったお金を貯蓄に回すのではなく、貯蓄に回すお金を決めて、その残りを生活費に当てるようにします。

社会に出た当初は、将来の突然の支出に備えて何にでも使える貯蓄を一定金額になるまで貯めることが多いいと思います。それが達成できたら、次は貯蓄の目標を明確にし、そのための貯蓄をします。

貯蓄の口座が1つだと、なんのための貯蓄がいくらあるのかが一瞥できなくなるので、目的ごとに口座を分けて貯蓄をするのがおすすめです。

図表2-2では口座自動振替えで各種の貯蓄をすることを示しています。この他に、給与天引きで貯蓄を行うことができる財形貯蓄の制度があります。財形貯蓄制度には一般財形貯蓄、財形住宅貯蓄、財形年金貯蓄の3つがあります。

財形貯蓄は、税金や社会保険料と同様に会社が給与から天引きして、そのお金を貯蓄に回す制度です。そのため、より確実な貯蓄が可能になります。

人生には様々なイベントがあります。それごとに大きなお金が必要になります。第4章では、ライフ・イベントと、それに必要な資金、その確保の方法について取り上げます。

3. ボーナスの流れと支出

多くのサラリーマンは、不定期に、会社からボーナスの支給を受ける機会があります。このボーナスは不定期な支出、すなわち臨時支出の原資になります。

　ボーナスとして支給を受けたお金の流れと主な支出項目を示すと、**図表 2-3** のようになります。

　次々頁以降に、主なものを取上げます。

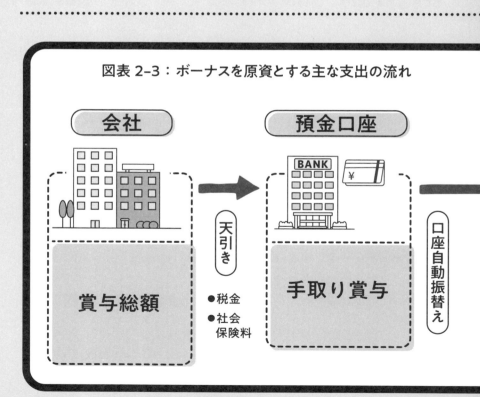

図表 2-3：ボーナスを原資とする主な支出の流れ

会社

預金口座

賞与総額

天引き
●税金
●社会保険料

手取り賞与

口座自動振替え

預金口座	預金口座

●家賃又は
　住宅ローン
　返済

●クレカ代金

●半年払い
　保険料

使用可能額

支払い

残りを繰越し

●冠婚・葬祭費

●帰省、旅行、スーツ

●記念日の外食費

●家具、家電製品　●その他

天引きの税金・社会保険料

　給与と同じように、ボーナスからも税金と社会保険料が天引きされます。ボーナスから天引きされる税金は所得税のみです。

口座自動振替え

　住宅ローン返済は、住宅ローンのボーナス月増額返済分です。**クレカ代金**は、クレジット・カード利用代金のボーナス払い分です。**半年払い保険料**は、半年払い、または年払契約のリスク保険の保険料です。

日常の生活のための臨時支出

　私たちが社会で生活する上では、隣近所とのお付き合い、特に**冠婚・葬祭費**は欠かせません。少額な冠婚・葬祭費は毎月の支出でまかないますが、金額が大きい場合は臨時支出とします。

　1泊以上の帰省や旅行、高額なスーツや外出着等の購入は、年に1〜2回の頻度ですが、1回当たりの金額は大きくなります。何らかの記念日の外食も、回数は少なくとも高額になりがちです。

　定期支出ではまかなえない額の**帰省、旅行、スーツ等**や、**記念日の外食費**などは、臨時支出とします。

　家具や**家電製品**は、生活環境の変化、あるいは省エネ製品の出現、寿命による故障などで、何年かに一度の割合で買い替えます。家具や家電製品は、小物から大型のものまで様々なサイズがあるので、小型の家具や家電製品は毎月の日用雑費とし、それを超えるものは臨時支出とします。

　帰省や旅行、スーツや外出着、外食、家具や家電製品などは、高額なものを臨時支出としていますが、高額かどうかの基準は各家庭で設定します。

コラム
住民税の天引き

　給与同様、ボーナスからも税金と社会保険料が天引きされます。しかし、ボーナスから天引きされる税金は所得税のみで、住民税の天引きはありません。その理由は、所得税と住民税の徴税方法の違いにあります。

　所得税については、会社がその年の1月から12月までの給与とボーナスの額を予測し、毎月の給与およびボーナスから天引きします。12月には年末調整を行い、その年の給与およびボーナスの総額に基づいて所得税額を確定し、12月の給与から天引きします。これでサラリーマンの給与にかかわる所得税の申告は終了します。したがって、副業の収入が20万円以上ある人などを除いて、確定申告をする必要はありません。

　このサラリーマンの所得の情報は、税務署からサラリーマンが住んでいる市町村の税務課に転送されます。それに基づいて、市町村の税務課は各会社員の前年の住民税を計算して会社へ通知します。この通知に基づいて会社は前年の住民税を12等分し、6月から翌年5月までの給与から天引きします。これを図で示すと、以下のようになります。

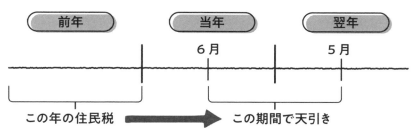

　すなわち、住民税は毎月の給与のみから天引きされ、ボーナスからの天引きはないのです。

4. 支出の分類

繰り返しになりますが、収入と支出の差額が貯蓄の原資になります。貯蓄の原資を増やすには収入を増やすか支出を削減する必要があります。

収入を増やす方法については**第1章**で取り上げたので、本章では支出を削減する方法を取り上げます。

支出の任意度による分類

まずは、支出するか否かを自分で自由に決められるか否かによる分類です。その任意度に応じて**「義務的支出」「必然的支出」「回避可能支出」**の3つに分けます。

義務的支出は、法律で支出義務が定められているもので、自分では回避できない支出です。

必然的支出は、支出が法律で義務付けられているわけではないが、私たちが社会で生活する上で最低限必要な、避けられない支出です。公共料金の支払いやローンの返済などです。クレジット・カード利用代金の支払いなども、支払いを逃れることはできません。

回避可能支出は、支出するか否かを自分で決めることができるものです。

最初に、2つの基準で支出を分類し、その性質を把握します。次に、**図表 2-2** および **図表 2-3** の支出項目の中から不用・不急な支出を発見し、支出を中止する、あるいは支出金額を減らすことができるものを見分けます。

支出金額の自由度による分類

これは、支出する金額を自分で決められるか否かによる分類です。その自由度により**「固定的支出」**と**「やりくり支出」**に分類します。

固定的支出は、法律の規定、過去の契約や行動などによって支出額がすでに確定しているものです。言い換えれば、現時点では支出金額を変えることはできないものです。例えば、住宅ローンの返済、生命保険等のリスク保険料、積立定期預金の積立額などです。

しかし固定的支出といえども、過去の契約を解消したり変更したりすることで、支出金額を減らすことは可能です。

他方、やりくり支出は、支出する金額をいくらにするかを自分で自由に決めることができるものです。

支出項目の分類

● 定期支出の分類

　図表 2-2 で取り上げた給与を財源とする主な支出項目を「義務的な支出」「必然的支出」「回避可能支出」の 3 つに分け、これをさらに「固定的支出」と「やりくり支出」に分けて 6 つに分類すると、**図表 2-4** のようになります。

図表 2-4：定期支出の分類

	固定的支出	やりくり支出
義務的 支出	●税金 ●社会保険料	
必然的 支出	●公共料金 ●家賃又は 　住宅ローン返済 ●クレカ利用 　代金支払い	●食料品費、日用雑貨費 ●交際費、医療費 ●衣服費 ●子供の学校教材費等
回避可能 支出	●リスク保険料 ●各種貯蓄	●レジャー費（日帰り）

● 臨時支出の分類

図表 **2-3** で取り上げたボーナスを財源とする主な支出項目を同じように分類すると、**図表 2-5** のようになります。

図表 2-5：臨時支出の分類

	固定的支出	やりくり支出
義務的支出	●税金 ●社会保険料	
必然的支出	●住宅ローン増額返済 ●クレジット・カード利用代金のボーナス払い	●冠婚・葬祭費
回避可能支出	●半年払い保険料	●帰省、旅行、スーツ代等 ●記念日外食費 ●家具、家電製品購入

5. 支出削減の検討

図 **表 2-4** と **2-5** で分類した項目ごとに、削減可能な支出をピックアップしていきます。

義務的支出

義務的支出は、支出義務と支払額が法律で定められているので、いかんともできません。この支出額を削減するには法律を変えるしかありません。

個人のレベルでどうにかできるものではないので、あきらめましょう。

必然的支出

● 固定的支出

すでに支出額が確定している固定的支出でも、例えば、クレジット・カード利用の買い物を控えれば、翌月の支払いを減らすことができます。

公共料金は、節電や節水などで電気料や水道料を減らしたり、スマホの通話プランの見直しをしたりして、支払額を減らすことができきます。

住宅ローンの返済額も、金融機関等と交渉して返済条件を変更すれば、毎月の返済額を少なくすることができます。しかし、返済額を少なくすると返済期間が延びて、伸びた期間に対して利息が追加で発生します。その結果、利息を含めた総返済額が増えるので、慎重な対応が必要です。

● やりくり支出

　やりくり支出である日常生活のための支出の内容を見直して、削減できる項目や金額がないかを検討します。"そんな事はできない"といって諦めずに、根気強く支出削減の努力をしましょう。

　毎月、支出項目ごとに予算を設定し、支出をその範囲に収めるのも効果的です。

回避可能支出

● 固定的支出

　固定的支出でも、例えば、リスク保険について必要な補償を見直して、ギリギリの補償が必要なもののみ継続し、それ以外は解約したり補償額を減額したりすることで、リスク保険料を減らすことができます。

● やりくり支出

　回避可能支出のやりくり支出はレジャーや外出着などへの支出です。支出の頻度と1回当たりの金額を抑えることによって、支出金額を減らすことが可能です。

第3章

続・お金を使う
（ローンの返済）

給与やボーナス等の他に、近年は、ローンを利用して買い物をする人が増えています。これは、個人向けローンが普及し、簡単に借入れをすることができるようになったことが背景にあります。

1. 借入れの二面性

　　ローンはお金の借入れです。これは、自分が使えるお金が増えるという意味では収入の１つです。しかし借入れは借入れです。

　今さら言うまでもありませんが、借り入れたお金は、後日、利息をつけて返さなければなりません。すなわち、借入れはある時点での収入ですが、必ず将来の支出を伴うという特異な性質がある収入なのです。

　すでに取り上げたように、将来支出する金額は借り入れた金額よりも利息の分だけ多くなります。借入金額が 100 で、返済までの利息を 20 とすれば、収入は 100 でも支出は 120 になります。

　これを示したのが**図表 3–1** です。

図表 3–1：借入金額と返済金額

　他人や銀行等からお金を借り入れるのは簡単ではありません。しかし、借りたお金を返すことは、その何倍も難しいのです。

　以下では、住宅ローン、自動車ローン、カード・ローン、クレジット・カードのキャッシングについて、その仕組みと利息、返済について見ていきます。

　なお詳細は、各金融機関にお問い合わせください。

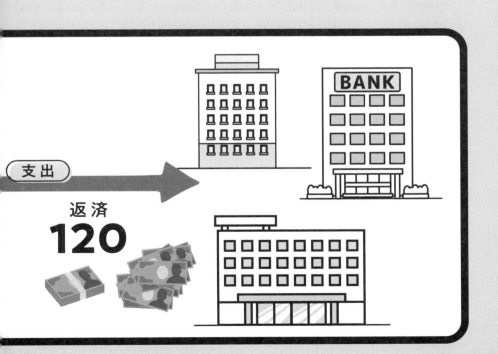

支出

返済
120

2. 住宅ローン

　　自分の住宅を持たない人は借家をします。すると、毎月、家賃の支払いが発生します。家賃を支払い続けるよりは、住宅ローンを組んでマイ・ホームを持ち、住宅ローンを返済するほうが支払額は少ない、あるいは少し返済額が多くとも、いずれ自分のものになるマイ・ホームを持った方が得だと判断した人は、マイ・ホームを持つ選択をします。

　　多くの人にとって、住宅ローンはマイ・ホームを取得するための必須アイテムです。

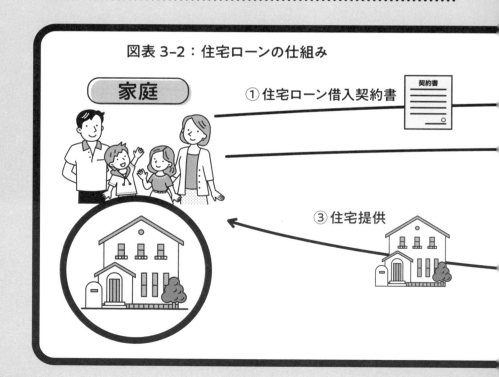

図表 3-2：住宅ローンの仕組み

家庭

① 住宅ローン借入契約書

契約書

③ 住宅提供

仕組み

　住宅ローンは、住宅の購入に際して借りるお金です。

　住宅ローンで借り入れたお金は、ローンを組んだ金融機関から住宅販売会社へ直接支払われます。そして住宅を手に入れた家庭は、毎月、ローンの元金と利息を金融機関へ返済します。これを示したのが**図表 3–2**です。

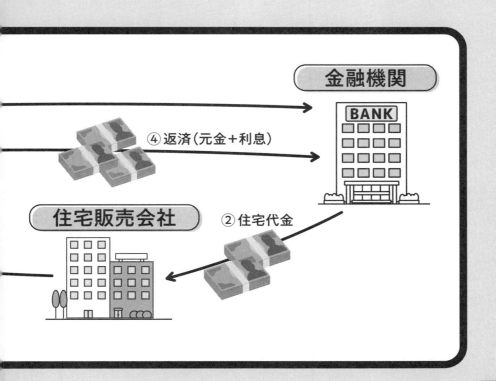

図表 3-2 にあるように、金融機関から借り入れた住宅ローンは一度も家庭の手を経由しないので、住宅ローンが収入であることを認識することはほとんどありません。

しかしこの住宅ローンは、家庭が金融機関から借り手に入れたお金を住宅販売会社に支払う手間を省くために、金融機関が家庭に代わって住宅販売会社へ支払ったものなのです。

住宅ローンの種類

最近では、住宅価格の全額を貸し付けるローンもありますが、多くの人は頭金を準備し、住宅価格との差額は住宅ローンを利用します。

住宅ローンには、銀行ローンとフラット 35、財形住宅融資があります。

銀行ローンの一般的な条件は、融資金額が 5,000 万円〜 1 億円、融資期間は 35 年以内で、かつ完済時の年齢が 80 歳になるまでの期間です。

フラット 35 は、最長 35 年間金利が固定される長期固定金利型の住宅ローンです。このローンの融資金額の上限は 8,000 万円です。フラット 35 の借入れができるのは「住宅金融支援機構が定めた技術基準に適合している住宅」に限られるので、フラット 35 の利用を考えている方は、購入を希望している住宅が基準を満たしていることを事前に確認しておく必要があります。

また、財形貯蓄をしている人が財形貯蓄残高 50 万円以上などの一定要件を満たせば、金利が安い財形住宅融資を受けるとことができます。ただし融資金額の上限は財形貯蓄残高の 10 倍以内で、最高 4,000 万円、住宅取得価格の 90% 以内です。

返済方法

住宅ローンを借りたら、毎月返済します。返済方法には **「元利均等返済」** と **「元金均等返済」** があります。

返済期間は最長 35 年ですが、1 年きざみで自由に設定することができます。定年の目安である 60 歳までには返済を終了するスケ

ジュールを立てる人も多くいます。

● 元利均等返済

　元利均等返済は、元金返済額と利息額の合計額が毎月一定額になる返済方法です。しかし、元金返済額と利息の支払額の割合は、毎回異なります。

　返済当初は利息の割合が圧倒的に多く、元金返済額はわずかです。返済が進み元金の残高が減ると利息の割合も減り、元金返済額の割合が多くなります。

　これを単純化して図にすると、**図表 3-3** のようになります。

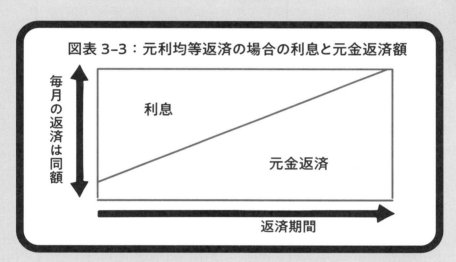

図表 3-3：元利均等返済の場合の利息と元金返済額

毎月の返済は同額

利息

元金返済

返済期間

● 元金均等返済

　これに対して元金均等返済は、毎回の元金返済額が一定で、これに利息を加えた金額が毎回の返済額になる方法です。

　この方法では、元金返済額と利息を加えた返済額は返済当初に最高額になります。返済が進み元金の残高が減ると利息が減るので、毎回の返済額も減少していきます。

　これを図にすると**図表 3-4** のようになります。

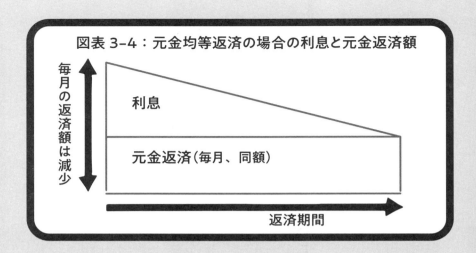

図表 3-4：元金均等返済の場合の利息と元金返済額

毎月の返済額は減少

利息

元金返済（毎月、同額）

返済期間

● ボーナス払い

住宅ローンは毎月返済するのが基本ですが、年2回のボーナス月に返済額を増額する方法を選択することができます。この方式を選択すると、毎月の返済額を低く抑えることができます。

しかしこの方式は、毎月の返済額の一部をボーナスの月まで先延ばしすること、言い換えれば返済を遅らせることを意味します。そのため支払わなければならない利息の額が増えることに注意しなければなりません。

図にすると、以下のようになります。

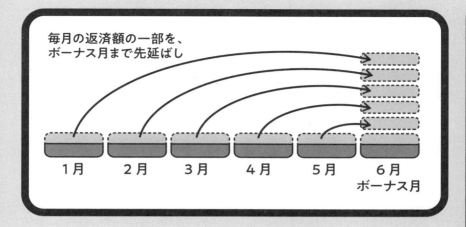

毎月の返済額の一部を、
ボーナス月まで先延ばし

| 1月 | 2月 | 3月 | 4月 | 5月 | 6月 |

6月
ボーナス月

　ボーナス払いの割合は、利用する金融機関の設定した範囲内なら自由に決めることができます。上限額は住宅ローン総額の 40 〜 50% 以内ですが、一般的な目安は 20% 程度とされています。

見直し

　契約している住宅ローンの金利が現在の金利水準よりも 1% 以上高い、ローンの残高が 1,000 万円以上で、残り年数が 10 年以上ある、などの条件に合致する場合は、ローンの見直しおよび借換えを行うことによって総返済額を減らせることがあります。

　見直しは、いつでも行うことができるので、積極的に利用を考えましょう。

3. 自動車ローン

自動車の購入には100万円～200万円というまとまったお金が必要です。しかし、ローンを利用するとその用意がなくとも、自動車を手に入れることができます。

　自家用車を買う人の約4割は自動車ローンを利用しています。

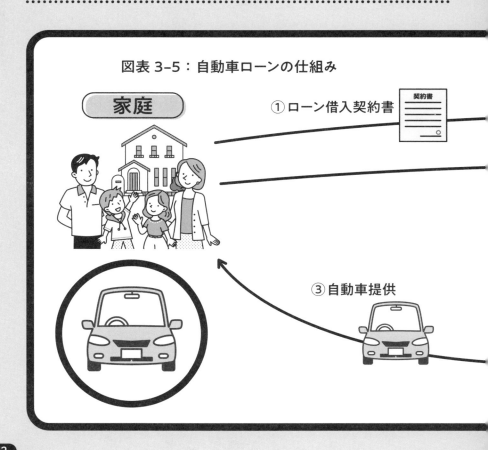

図表3-5：自動車ローンの仕組み

家庭

① ローン借入契約書

契約書

③ 自動車提供

仕組み

　自動車ローンは、自動車メーカーのファイナンス会社や金融機関などから自動車の購入費用を借りるものです。その仕組みを図にすると、**図表 3-5** のようになります。

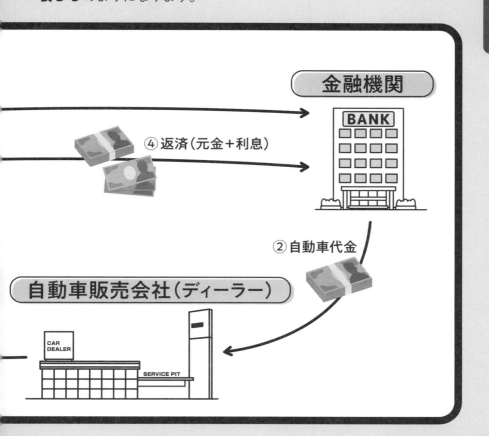

自動車ローンの場合も、借り入れたお金は一度も家庭の手を経由せず
に、金融機関が自動車販売会社へ直接支払います。

借入可能額

　　自動車ローンには、頭金を支払った残りを借り入れる場合と、全額を
借り入れる場合があります。ローンの金額には車両の代金のほかに、ナ
ビや ETC 車載器などのオプションの費用も含めることができます。

　　自動車ローンの借入期間は最短半年、最長 10 年ですが、期間は自由
に設定できます。車を購入した人の半数以上は、3 ～ 5 年の借入期間を
選択しています。

返済金額

　　月々の返済金額は**「借入金額」「利息」「借入期間」**の 3 つをもとに
計算します。借入期間を長くすると、毎月返済する金額は少なくなりま
すが、期間中に支払う利息の総額は多くなります。

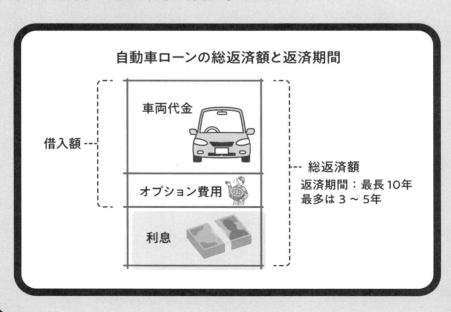

自動車ローンの総返済額と返済期間

借入額---

車両代金

オプション費用

利息

--- 総返済額
返済期間：最長 10 年
最多は 3 ～ 5 年

リースとの比較

　自動車ローンを使って自動車を購入した場合は、ローンの返済以外に税金や保険料、車検、修理などのメンテナンス費用が発生します。そのため、月々の支払金額が変動し、自動車にかかる毎月の費用を予想しにくいという難点があります。

　これに対してカー・リースでは、自動車を借りてリース料を毎月支払います。リース料には、自動車の使用料の他に税金や保険料なども含まれています。またオプションでメンテナンス・プランをつければ、車検や整備費用の支払額も毎月の費用に含めることができます。

　他方、カー・リースのリース料には、自動車の維持に必要な費用の他にリース会社の管理手数料も含まれるために、毎月のリース料はローンの返済額よりも高くなります。

4. カード・ローン

内 容

　カード・ローンは、カード会社などの貸金業者や金融機関が提供している個人向け融資サービスです。ほとんどのカード・ローンは、担保や保証人を用意しなくても契約することができます。

　カード・ローンでは、お金を借りると実際に自分の預金口座等にお金が入るので、ローンが収入であることを実感できます。

利用方法

　カード・ローンを契約すると専用のカードが発行されます。このカードを使ってコンビニや金融機関の ATM で現金を引き出したり、自分の預金口座に現金を振り込んだりすることができます。

　カード・ローンの利用限度額は金融機関によって異なりますが、10万円〜 1,000 万円を設定している金融機関もあります。

　カード・ローンは、借りたお金の使用目的に制限がなく、何にでも自由に使用することができます。また、利用限度額内であれば、いつでも、必要な額の借入れが、何度でもできます。

　カード・ローンは住宅や自動車等の資産の裏付けがない、すなわち担保になるものが無い消費のために使用されることが多いので、利息の利率も 2 〜 14.5％前後の高率に設定されています。利率は、借入金額に応じて変わります。

返済方法

　カード・ローンで借り入れた金額は、借り入れたときに取り決めた方法で、月々決まった額を返済していくのが一般的です。

　これに加え、ボーナスや臨時収入が入ったときに臨時返済（繰上返済）をすることもできます。繰上返済は何回か分の返済を一括して行うものです。繰上返済をすると、残りの期間の利息の支払いがなくなるので、利息を含めた総返済額は少なくなります。

　返済は、預金口座からの自動引落しや銀行窓口で行いますが、コンビニ ATM を使うサービスを提供しているカード・ローンも増えています。

5. クレジット・カード のキャッシング

仕組み

　ほとんどのクレジット・カードにはキャッシング機能が付いています。この機能を利用すれば、銀行やコンビニの ATM でお金を借りることができます。

　キャッシングの仕組みは、以下のようになります。

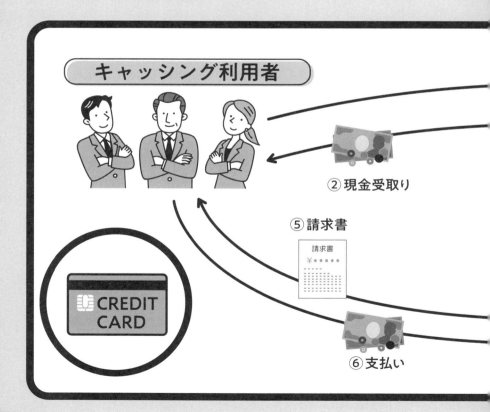

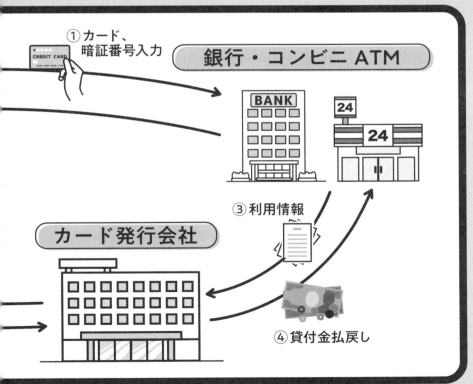

① カード、暗証番号入力

銀行・コンビニ ATM

BANK

24

カード発行会社

③ 利用情報

④ 貸付金払戻し

返済方法

　キャッシングを利用した場合は、一括返済にするか、リボ返済にするかを、借入れ時に選択することができますが、いずれの場合も未返済額に対して利息が発生します。

　返済は、一括返済でもリボ返済でも、クレジット・カード利用のショッピング代金の支払いと一緒に、クレカ代金の支払いとして行います。

カード・ローンとの比較

　自由に使用できるお金を借りられるサービスという意味では、クレジット・カードのキャッシングとカード・ローンはほぼ同じです。

　ただし、クレジット・カードのキャッシング枠は概ね 10 万円から100 万円程度、金利は 15 〜 18％で、カード・ローンよりも少額の借入れで金利も高率です。

　したがって、大きな額の資金を長期間利用する場合は、カード・ローンのほうが有利になります。

　以下の表は、キャッシングとカード・ローンを比較したものです。

キャッシングとカード・ローンの比較

	キャッシング	カード・ローン
利用限度額	100 万円程度	1,000 万円程度
利率	15 〜 18％	2 〜 14.5％前後
返済金額	一括返済と リボ払いの選択可	毎月一定金額、 臨時返済も可
返済方法	ショッピング代金と 一緒に返済	口座振込み、銀行窓口、 コンビニ ATM

コラム

キャッシングの利率はなぜ高い？

　今、銀行口座にお金がない人でも、クレジット・カードでキャッシング、すなわち借入れができます。しかし、キャッシングの利率は 15 〜 18％と、一般の借入れの利率（3〜4％）よりもかなり高くなっています。

　一般の借入れでは、利息や元金の返済可能性を慎重に審査しますが、キャッシングは、ほぼ、無審査です。すなわち、キャッシングでは、クレジット・カードを持っている人に対して、無条件でお金を貸していることになります。そのため、貸したお金を回収できなくリスクが高くなります。貸したお金を回収できなくなることを〝貸倒れ〟といいます。

　貸倒れは、お金を貸す銀行等の損失になります。この損失は、他の人に対するキャッシングの利息でカバーしなければなりません。そのために、キャッシングの利息は高くなるのです。以下に例を示しました、

例：今、10 人の人に、10 万円ずつキャッシングしたとします。

　この中の 1 人が返済不能になったとします。すると銀行等は 10 万円の貸倒れによる損失を抱えます。

　もし利率が 4％の場合は、9 人から受け取る利息の合計は、0.4 万円（10 万円× 4％）× 9 人＝ 3.6 万円です。これでは 10 万円の貸倒れによる損失をカバーできません。

　しかし、利率が 18％であれば、9 人から受け取る利息の合計は 1.8 万円（10 万円× 18％）× 9 人＝ 16.2 万円になり、貸倒れによる 10 万円の損失をカバーできます。

　このような貸倒れによる損失をカバーするために、キャッシングの利率は高いのです。

6. スマホ経由の ローン

カード・ローンにしろ、クレジット・カードのキャッシングにしろ、最初にカードを作り、借入れの際は店頭やATMがある所へ出向かなければなりません。

これに対し、専用アプリをダウンロードしたスマホを経由した借入れでは、自宅に居ながら、スマホを操作して借入れを行うことができます。

借り入れたお金は、自分の預金口座に振込みを受けたり、コンビニATMで引き出したりすることができます。あるいはプリペイド・カードへチャージすることもできます。

この手軽さは便利である反面、借入れをしている感覚がなくなり、簡単に借入れを繰り返し、借入額が膨大になりがちなので注意しなければなりません。

コラム

カード・ローンの利用実態

　カード・ローンやキャッシングでは、担保や保証人がなくともお金を借りることができます。このお金は、使用目的に制限はありません。では、お金を手に入れた人たちは、どのような目的でこれを使用しているのでしょうか？

　ある調査によると、借入れをする人は会社員やパート・アルバイト、専業主婦・主夫の人が圧倒的に多く、年収が 500 万円未満の人が 6 割を超えています。使用目的は生活費が 35％前後、趣味・レジャー・旅行が 15％、商品・サービスの購入が 10％近くで、これで 6 割を占めています。

　使用目的からわかるように、カード・ローンは、住宅ローンや自動車ローンなどのように担保になるものがない、いわゆる消費のために使用されています。貸す方からすれば、貸したお金を回収できなくなった場合に処分できる担保がない分、高い利率で貸倒れをカバーしなければならないということなのです。このために、カード・ローンやキャッシングの利率は高いのです。

7. 債務整理

大きな借金がある人は、大抵、預金などの資産よりも借金の額のほうが大きく、収入である給与やボーナスの何倍にもなっていることも珍しくありません。

このような状況では、借金は簡単には返せません。こうなったらどうすればよいのでしょうか？

借金返済の借金はダメ

借金返済のために新たな借金を繰り返す人がいますが、これは止めましょう。借金返済のための借金は、借金の返済を先延ばしにしているだけなのです。

借金返済のための借金では、先の借金の元金と利息を合わせて借金することになります。その結果、借入額がどんどん膨らんでいきます。

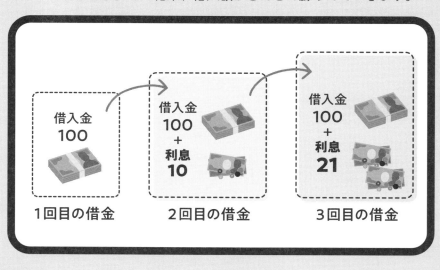

督促が来たとき

　どうしてもお金を工面することができず、返済日に支払いをしないと、電話や郵送物などで督促が来ます。この督促を無視していると、カード・ローンが利用できなくなったり、遅延損害金を請求されたりします。

　電話や手紙で督促が来ると、借金のことが頭から離れなくなり、日々不安な気持ちで生活を送る人も出てきます。

　こうなったら弁護士や司法書士等に相談して、債務を整理しましょう。

債務整理の方法

　どんなに頑張っても返済できないときには、債務を整理する必要があります。債務整理を行うと、債務を減らせるなどの様々なメリットを享受することができます。債務整理には次の3つの方法があります。

● 任意整理

　弁護士などを通じて債権者（お金を貸した側）と話し合い、返済額や返済プランを決める方法です。

● 個人再生手続き

　裁判所を介在させて、債務の一部の免除を受けたうえで、残額について分割払いをしていく方法です。

　すべての財産が処分されるわけではないので、住宅を所有している場合、住宅を残したまま債務整理ができる可能性があります。

● 自己破産手続き

　　裁判所を介在させて、生活に必要な最低限の財産を除いたすべて
を処分して各債権者に分配し、それでも返済できない債務は全額免
除する方法です。

　　収入のめどが立たなかったり、返済計画が立てられなかったりす
る場合に利用する最後の手段です。

債務整理のデメリット

　　債務整理をすると、通常の生活は営めるものの、社会生活において一
定の制限を受けることになります。

　　例えば、以下のような制限です。

○債務整理をした情報が信用情報に掲載され、5〜10年間はクレジッ
　ト・カードやローンの他、信用情報を照会するあらゆる審査に通りに
　くくなる

○個人再生手続きや自己破産手続きでは、官報に指名が公表されるので、
　社会的に信用が失墜する

○自己破産手続きでは、債権者への返済に充てるために、生活に必要な
　最低限のものを除いて、すべての財産が処分される

第4章

お金を貯める（貯蓄する）

　私たちの人生においては、ライフ・ステージごとに様々なイベントが訪れます。その都度、まとまったお金が必要になります。それらに備えて、貯えが必要です。

　毎月の給与やボーナス等の収入と日常の生活に必要な支出の差額が貯蓄の原資になります。

1. 貯蓄の原資

すでに述べたように、漫然と収入と支出の差額を貯蓄していても、いざイベントというときに〝**お金が足りない**〟ということになりかねません。

　これを避けるためには、いつ、何のためにいくらのお金が必要なのかを明確に認識し、それを確保するために、どの期間にわたって、毎月いくらを貯蓄しなければならないのかを知る必要があります。

一般的な考え方

　ライフ・ステージごとに訪れるイベントに必要な資金を確保する原資は、給与等の収入から必要な支出を差し引いた残額です。必要な支出とは、税金・社会保険料、ローンの返済、公共料金やリスク保険料の支払い、日常生活のための支出、等です。

　これらの支出を差し引いた残額が、将来の支出に備えるための貯蓄へ回されます。この貯蓄は、結婚資金、マイ・ホームの頭金、子供の教育資金、退職後の生活のための老後資金など、様々な目的で行われます。

　これを算式で表すと、**図表 4-1** のようになります。

図表 4-1：貯蓄可能金額の算出

給与総額

（控除）

　　税金・社会保険料
　　ローンの返済
　　公共料金
　　リスク保険料
　　日常生活のための支出、等
　─────────────────────

差引残高：貯蓄（子供の教育費用、老後資金等）
　─────────────────────

　最下段の差引残高が貯蓄に回される金額です。これを、貯蓄の目的ごとに設けた預金口座で積み立てます。

　しかしこの貯蓄方法では、イベントが訪れたときに〝積み立てた資金がイベントに必要な金額に必足りない〟ことが明らかになることがあります。

　それは、収入から支出を差し引いた残額を貯蓄に回しているためであって、各イベントに必要な資金を確保する貯蓄ではないからです。

必要額を積み立てる考え方

　図表 2-2 で示したように、サラリーマン家庭においては所得税や住民税などの税金や社会保険料は給料総額から天引きされます。ローンの

返済、公共料金、リスク保険料、子供の教育費用に備える学資保険や老後のための年金保険等の貯蓄は、手取り給与が振り込まれる口座から自動振替えするのが一般的です。そして残ったものが、日常の生活のための支出に回されます。すなわち、日常生活のための支出額は、**図表4-2** のように決まることになります。

子供の教育費用に備える学資保険、老後資金のためのイデコや個人年金保険等の掛金は、優先的、かつ確実に確保します。

そして、最下段の差引残高が日常生活のための支出に回される金額です。

図表 4-2：日常生活のための支出額の算出

給与総額

（控除）

税金・社会保険料（天引き）
ローンの返済　　　（口座振替え）
公共料金　　　　（　〃　　　）
リスク保険料　　（　〃　　　）
子供の教育費用　（　〃　　　）
老後資金、その他（　〃　　　）

差引残高：日常生活のための支出

日常生活費の確保

実際の日常生活に必要な金額が**図表 4-2** の最下段に示された金額に収まる場合はいいのですが、もしそうではない場合は、どうすればいいのでしょうか？

● 支出の削減

もし、日常生活のための支出の赤字が何ヵ月も続くような場合は、

支出額を減らすための行動改革が必要になります。

　これを考えるときに参考になるのが、**図表 2-4** と **図表 2-5** に示した支出の分類と支出削減の検討結果です。

　すなわち、

回避可能支出のやりくり支出➡固定的支出➡
**　　　　　必然的支出の固定的支出➡やりくり支出、**

の順番で削減を検討します。

　回避可能支出は比較的容易に削減することができます。まず、やりくり支出は、支出の頻度を減らすことによって減額可能です。

　固定的支出でも、例えば、リスク保険料は、保険の内容を見直してギリギリの補償が必要なものに限定して、ほかの保険の加入を解約したり補償金額を減額したりすることで、減らすことができます。

　必然的支出の固定的支出でも、例えば、クレジット・カードの利用による買い物を控えるとか、節電や節水などで使用量を減らし、スマホの通話プランの見直しなどによって公共料金を減らすことができます。

　必然的支出のやりくり支出でも、"そんな事はできない"と言って諦めずに、日常生活のための支出の内容を見直して、削減できる項目や金額がないかを検討し、根気強く支出削減の努力をします。

● 貯蓄の見直し

　様々な支出の削減を検討したが、どうしても日常生活のための支出が確保できないときがあります。

　そのときは、仕方がありません。子供の学資保険、老後資金の年金掛金などの貯蓄は優先しますが、それ以外の貯蓄の積立金額に無理はないかを検討し、積立てを一時中断したり積立額を減額したりして、生活のための支出を確保します。

　同時に、その後に予定しているイベントの規模を縮小したり、資金が貯めるまで先延ばしすることを検討します。

2. ライフ・イベントと 必要資金

人 間の一生は**乳幼児期、学童期、青年期、壮年期、老年期**といくつかの**ライフ・ステージ**に分けられます。

ライフ・ステージというのは、人の一生を段階に分けて考える場合に用いる、それぞれに区切られた段階のことです。この段階は、年齢や家族構成などの変化で区切るのが一般的です。

下記は、5つのライフ・ステージの例です。

ライフ・ステージの例

老年期　65歳　壮年期　35歳　青年期

誕生　小学校入学　高校卒業

乳幼児期　学童期

　その間には就職、結婚、出産、子供の教育、住宅購入、退職など、様々なイベントがあり、それごとに資金が必要になります。

　私たちは、支出を収入の範囲内に収めて貯蓄へ回せるお金を確保し、各イベントに必要な資金を積み立てなければなりません。

　ところで、家庭の支出の内容はライフ・ステージにより変化します。例えば、子供が高校や大学を卒業すると、それまで支出の多くを占めていた教育費は必要なくなります。しかし、そのころには退職が迫っていて、老後資金の確保を考えなければならなくなる、などです。

　日本ファイナンシャル・プランナー協会の資料を参考に、各イベントに必要な資金の額を示すと、以下のようになります。

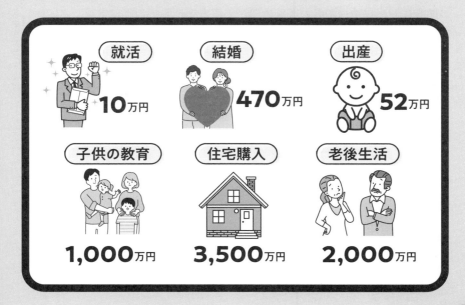

前述したように、これらの支出は、一度に必要になるわけではありません。ライフ・ステージごとに必要になるので、各ステージにおいてこれらの支出が可能になるように資金を準備します。

　これを前提に、以下では出費が多額になる結婚資金、子供の教育資金、住宅購入資金、退職後の老後生活資金を確保するための貯蓄プランについて見ていきます。

　なお、このプランの例示では、説明を簡単にするために、積立金に対する利息は無視します。

　また住宅取得は、まず頭金を準備し、不足分は住宅ローンを利用するものとします。

コラム
出産費用

　子供の出産には数十万円の費用が掛かります。他方、健康保険から、赤ちゃん1人当たり42万円の出産育児一時金の支給があるので、自己負担額は10万円程度になります。

　出産前に健康保険加入者と医療機関が出産育児一時金の支給申請および受取りに係る契約を結び、医療機関が健康保険加入者に代わって出産育児一時金の申請を行えば、出産育児一時金が直接医療機関へ支払われます。

　これを利用すれば、医療機関の窓口で支払うのは自己負担部分だけとなり、一時的にせよ、高額な出産費用の支払いを回避することができます。

　なお、出産育児一時金の支給額は2023年度から50万円に増額されました。

コラム

住宅購入資金の援助

　住宅の購入は〝人生最大の買い物〟とも言われます。十分な手持ち資金がある人は現金で購入することもできますが、多くの人にとっては,頭金を用意して、不足する分は住宅ローンを利用するのが一般的でしょう。実際、住宅購入者の8割は住宅ローンを利用しています。そこで本書でも、住宅ローンを利用することを前提に、貯蓄では頭金を用意することとします。

　頭金は、社会人になってから住宅を購入するまでの十数年間にわたって蓄えるのが一般的です。これにつては別項で取り上げますので、ここでは、父母や祖父母からの住宅購入資金の援助について取り上げます。

　父母や祖父母からの住宅購入資金の援助はお金の贈与になり、年間110万円を超える贈与に対しては贈与税が課せられます。しかし、この原稿を書いている令和5年6月1日現在、次の条件に合致する父母や祖父母からの住宅資金の援助は、非課税とされています。

- 令和5年12月31日までに住宅取得資金の贈与を受けること
- 援助を受けた子や孫が援助を受ける日の属する1月1日において18歳以上であること
- 子や孫の、その年の合計所得金額が2,000万円以下であること

　この場合で、取得した住宅が50㎡（所得金額が1,000万円以下の場合は40㎡）〜240㎡で、耐震・省エネ・バリアフリーのいずれかに該当する住宅なら1,000万円が、それ以外の住宅は500万円までが非課税になります。

（詳細は、税理士等にお尋ねください）

3. 結婚資金

披露宴の招待客が 60 〜 70 人の場合は 470 万円近くのお金がかかると言われます。これはカップルが負担する金額ですから、1 人当たり 235 万円近くの資金を準備する必要があります。

積立方法

　この資金は、就職してから結婚するまでの間に、毎月の給与を原資に、一般財形貯蓄や積立定期預金、NISA などで積み立てるのが一般的です。

　一般財形貯蓄は、サラリーマンが会社の協力を得て、給与から一定額を天引きして行う積立貯蓄です。給与天引きですので、知らず知らずのうちに貯蓄できるメリットがあります。一般財形貯蓄は 1 人で複数の契約が可能で、積立限度額もありません。

　積立定期預金は、毎月一定額を積み立てるものです。積立ては、普通預金から口座自動振替えができるので便利です。

　投資で得られた利益や配当金が非課税になる小額投資非課税制度（NISA）を利用して、資金を貯めることもできます。

　現在、一般 NISA では、年間 120 万円の投資について最大 5 年間に渡って利益や配当金が非課税になります。また、つみたて NISA では、年間 40 万円の投資について、最大 20 年間に渡って利益や配当金が非課税になります。

　ただし、NISA では元本割れするデメリットがあるので注意が必要です。

　2024 年度からは、新しい NISA が導入され、非課税枠が 1,800 万円に拡大される予定です。

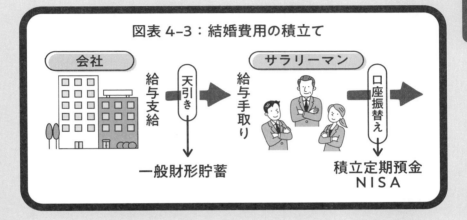

図表 4-3：結婚費用の積立て

積立て例

22 歳で就職し、30 歳で結婚すると仮定すると、8 年間で 235 万円を積み立てることになります。就職後、一般財形貯蓄や定期積立預金、あるいは NISA を利用して毎月 2 万円を積み立て、かつ夏・冬のボーナスから 3 万円を増額積立てすれば、年間積立合計は**図表 4-4** のように 30 万円になります。8 年間では 240 万円になります。

図表 4-4：結婚費用の積立て例

財源	1回当たり金額	回 数	年間合計
毎月の給与	20,000 円	12	240,000 円
ボーナス	30,000 円	2	60,000 円
合 計			300,000 円

4. マイ・ホーム頭金

最近では、物件価格の全額を貸し付けるローンもありますが、諸経費を含めたマイ・ホームの取得価格の1～2割くらいの頭金は準備したほうが良いというのが一般的です。

そこで、マイ・ホームの購入ではまず頭金を準備し、不足分は住宅ローンを利用するものとします。

積立方法

頭金の確保には、**一般財形貯蓄**や**財形住宅貯蓄**、銀行の**積立定期預金**などが利用可能です。

財形住宅貯蓄は、55歳未満のサラリーマンが、会社の協力を得て給与から一定額を天引きして、住宅資金を確保するために5年以上の定期的な積立てを行う貯蓄です。貯蓄残高550万円までの利息に対する20％の税金が非課税になるという優遇措置があります。

また、一般財形貯蓄、財形住宅貯蓄、財形年金貯蓄を1年以上継続し、残高50万円以上あるなどの条件を満たす人は、財形貯蓄残高の10倍以内で、最高4,000万円まで、実際に要する費用の90％以内で財形住宅融資を受けることができます。

積立て例

4,500万円の広めのマイ・ホームを手に入れるために、夫婦で500万円の頭金を準備すると仮定します。1人当たり250万円です。

例えば、22歳で就職した直後から毎月1.5万円を積み立て、夏・冬

のボーナスから3万円を増額すれば、**図表4-5**のように年間合計24万円になり、32歳までの10年間では250万円に近い240万円の積立てになります。

図表 4-5：マイ・ホーム頭金の積立て例

財源	1回当たり金額	回数	年間合計
毎月の給与	15,000 円	12	180,000 円
ボーナス	30,000 円	2	60,000 円
合計			240,000 円

住宅ローンの返済

　頭金500万円を支払い、諸経費込みで4,500万円のマイ・ホームを手に入れた場合、4,000万円は住宅ローンを使用することになります。

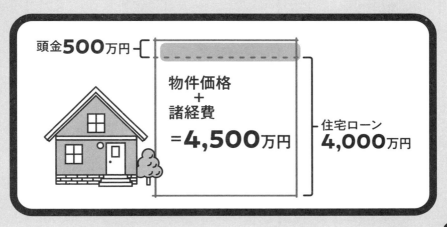

頭金**500**万円

物件価格
＋
諸経費
＝**4,500**万円

住宅ローン
4,000万円

住宅ローンの金利は固定で 1.6％、返済期間 35 年間、返済は元利均等返済、年 2 回のボーナス払い（各 20 万円）を併用した場合、夫婦 2 人合わせた毎月の返済額は以下のようになります。

返済期間 35 年の場合の返済額

ボーナス払い	0円	100,000円	200,000円
月々の返済	124,443円	107,817円	91,192円
総返済額	52,266,060円	52,283,140円	52,300,640円

上記のように、年 2 回、20 万円ずつボーナス払いをした場合は、毎月のの支払いは 91,192 円になります。各回 10 万円のボーナス払いの場合は、毎月 107,817 円、ボーナス払いがない場合は、毎月 124,443 円になります。

しかし、総返済額は、ボーナス払い 20 万円の場合は 52,300 千円、10 万円の場合は 52,283 千円、ボーナス払い無しの場合は 52,266 千円になります。

すなわち、ボーナス払いを増やすと月々の返済額は減りますが、減った分はボーナスの月まで返済を先延ばしすることになるので利息が増え、総返済額も増えるのです。

32 歳で 35 年のローンを組んだ場合、返済は 67 歳まで続きます。60 歳までに返済を終えるために返済期間を 28 年とした場合の毎月の返済額は、以下のようになります。

（正確な返済額は銀行等にご確認ください。）

返済期間 28 年の場合の返済額			
ボーナス払い	0円	100,000円	200,000円
月々の返済	147,777円	131,154円	114,531円
総返済額	49,653,072円	49,667,744円	49,682,416円

　これから明らかなように、返済期間が短くなると毎月の返済額は増え
ますが、利息を支払う期間が短くなるので、総返済額は少なくなります。

コラム

いくら返済するか、
いくら借りられるか？

　住宅ローンを借りるのはいいけれど、年間の返済額はいくらになるの
だろうか、あるいは、年間これだけ返済するとしたならば最大いくら借
り入れることができるのだろうか、と悩んでいる方も少なくないと思い
ます。

　これに対しては、借りた住宅ローンの年間返済額を求められる資本回
数係数と、毎年の返済予定額から逆算して住宅ローンの借入可能額を求
められる年金現価係数が役に立ちます。

　例えば、利率2%のもとで期間10年の場合の資本回収係数は 0.111 な
ので、1,000 万円を利率 2%で借りて、10 年間で返済する場合の年間返
済額は 1,000 万円 × 0.111 ＝ 111 万円となります。

　また、利率2%のもとで期間10年の場合の年金現価係数は 8.983 なの
で、利率が 2%の場合において年間 120 万円（月 10 万円）を 10 年間に
渡って返済する場合の借入可能金額は、120 万円 × 8.983 ＝ 1,078 万円
になります。

5. 子供の教育資金

子供の進学に合わせて教育資金が必要になります。教育費用は、すべて公立で高校まで進学させた場合は 540 万円、大学まで進学させた場合は 1,000 万円掛かります。

子供の誕生日から数えれば、いつ幼稚園に入園し、いつ進学するのかの目途が立ちます。最も負担が大きくなる大学進学の時期も予想ができます。それに備えて、以下のような方法で、子供が小さい時から計画的に教育資金を準備します。

学資保険

●学資保険のタイプ

子供の教育資金に備える保険に学資保険があります。学資保険には「一括受取型」、「分割受取型」、「お祝い金受取型」の 3 つのタイプがあります。

一括受取型は、子供が一定の年齢に達した時に、積立金（満期学資金）を一括で受け取る学資保険です。主に、多額の費用がかかるとされる大学進学時（入学金、1 年時授業料、その他）の費用を賄うことができます。

図にすると、次のようになります。

分割受取型は、子供が一定の年齢に達した時に、積立金を分割で受け取れる学資保険です。主に大学4年間の授業料または生活費を賄うことができます。図にすると、次のようになります。

お祝い金受取型は、大学進学時のみならず小学校・中学校・高校等の進学の度に「祝金」としてお金を受け取れる学資保険です。小・中・高校の入学費用・教材費などに掛かる費用の一部を賄うのに適したタイプです。図にすると、次のようになります。

これらの中から、各家庭の事情を考慮して、ニーズに適したタイプを選ぶことができます。

● 学資保険の特徴

学資保険の特徴は、保険料の支払期間中に親や祖父母などの保険契約者が死亡した場合、一部の商品を除き、保険料の支払いが免除されることです。

その場合でも、時期を迎えると、あらかじめ取り決めていた学資金を受け取ることができるというメリットがあります。

● 積立て例

幼稚園から高校までの15年間を公立で学んだ場合の教育費は540万円で、平均年間費用は36万円です。これに対し、大学では4年間で460万円、平均年間費用は115万円になります。現状では、大学進学にかかる費用が最大であるのは、間違いありません。

そこで、大学進学にかかる費用を学資保険で賄うと仮定します。

これに適した学資保険は、子供が一定の年齢に達した時に、積立金を分割で受け取れる分割受取型の学資保険です。これで、大学4年間の授業料または生活費を賄うことができます。

例えば、子供が18歳になるまで毎月2万円の保険料を支払うと、以下のように総額432万円の積立額になります。

$$20,000円 × 12ヵ月 × 18年 = 4,320,000円$$

これに利息が付くので、大学4年間で460万円に近い学資金が受け取れます。

仮に、32歳で第1子、35歳で第2子が誕生した場合、32歳から3年間は毎月2万円、その後35歳から50歳までの15年間は毎月4万円、50歳から53歳までの3年間は毎月2万円の保険料を支払うことになります。

積立定期預金

銀行預金も教育資金の準備のために利用できます。銀行預金の主なものは**普通預金、定期預金、積立定期預金**の3つです。

奨学金

● 利用状況

奨学金は、経済的な支援を必要とする学生を金銭面からサポートする制度です。奨学金には日本学生支援機構のような独立行政法人が行うもののほか、自治体や企業、民間団体、また学校が独自に実施するものなどがあります。

奨学金を利用している学生は多く、大学生の2人に1人は何らかの奨学金を利用しているという調査結果もあります。

● 種類

　奨学金には**給付型**と**貸与型**があります。

　給付型の奨学金は返還不要の奨学金です。しかし、給付型の奨学金は募集人数が少なく、家庭の収入基準や本人の学力などの支給要件が厳しく設定されています。

　これに対し貸与型は、学費など学生生活に必要な資金を貸与するものです。学生から見れば借りるものです。これは、あくまでも借りた奨学金であるので、卒業後に返還しなければなりません。

　貸与型は、**有利息**と**無利息**の2種類があります。有利息の場合、在学中は利息が発生しませんが、卒業後の返還期間中は、奨学金の残額（未返済額）に対して利息が発生します。

　無利息の場合は、卒業後の返還時にも利息は発生しません。ただし、無利息のタイプは、有利息に比べて支給要件が厳しく設定されています。

● 返済

　日本学生支援機構の奨学金は、貸与が終了した翌月から7ヵ月目より返還が始まります。卒業の3月まで借りた場合は、卒業した年の10月から始まります。返還期間は最長で20年です。

　返還方法は、毎月決まった金額を返済する方法と、毎月決まった金額を返済し1月と7月に追加の金額を返還する方法があります。

　当然ですが、返還期間が長くなるほど支払う利息が多くなります。そこで、資金に余裕ができた時に残りの奨学金を繰上返還すれば、利息の支払いを減らすことができます。

補助金、国の貸付け

　自治体の補助金などの制度を活用すると、家計の教育費負担を軽減することができます。

　また国の教育一般貸付けの制度も利用できます。これはあくまでも貸付けなので、年間1.95％の固定金利で利息が付きます。返済期限は最長18年です。（利率については、借入時にご確認下さい。）

　借入れの上限は350万円ですが、自宅外通学、海外留学、大学院進学などの一定条件に合致する場合は450万円になります。

コラム
奨学金の実態

　ある調査によると、日本学生支援機構の奨学金を利用した人の借入金額の平均は324万3千円、奨学金の毎月の平均返還額は1万6千円、平均返還期間は15年です。

日本学生支援機構の貸与型奨学金利用状況

日本学生
支援機構

平均貸与（借入）額　約**324.3**万円

平均返還額：月**1.6**万円
返還期間：最長 **20**年、平均 **15**年

学生

6. 老後資金

多くの場合、国の公的年金の支給額は、老後に必要な生活資金の一部でしかありあません。

2019年6月に金融庁がまとめた報告書は、退職後の世帯収入が公的年金だけのケースでは、老後の生活に必要な支出額は、毎月、公的年金を5万5千円上回るとしています。退職後30年生きるとすると、2,000万円不足することになります。

この不足額は、サラリーマン自身が確保しなければなりません。

準備を開始する時期

老後資金の準備期間は短くなりがちです。なぜなら、ライフ・ステージでは住宅ローンの返済や教育資金の確保が優先し、また老後は将来遠くのことと思いがちなためです。実際に資金を準備するのは50代に入ってからという世帯も少なくありません。

　しかし、短期間で多額の資金を用意するのは容易ではありません。少しでも早くから計画的に準備することが推奨されます。"老後は将来のこと"と考えているときでも、余裕ができた資金を老後資金の準備に回し、日常の生活資金を管理する預金口座とは別の口座に積み立てる、などの対策が必要です。

　そして、50歳代で老後資金を意識始めたときに、その時点で老後資金として確保している預金がいくらあるのかを確認し、今後どのくらいのペースで貯めれば2,000万円に達するのかを割り出す必要があります。

　以下に、老後の生活資金を確保する方法を取り上げますが、詳細は保険会社や証券会社、銀行等にお問い合わせください。

退職給付

　多くの会社では、退職によって収入を失うサラリーマンのために、退職一時金や年金を支払う制度を設けています。この制度に基づいてサラリーマンの退職に際して支給されるお金が**退職給付**です。

　退職給付の制度がある会社のサラリーマンは、それを老後資金に充てることができます。

● 種類と内容

　　主な退職給付には、

①勤続年数に応じて定められた一時金を支給する退職一時金

②定められた金額の年金を退職後の一定期間あるいは終身で支給する確定給付年金

③会社が掛金を支払ってサラリーマンが運用する確定拠出年金

の3つがあります。

　確定給付年金と確定拠出年金は、年金のもとになる掛金を会社が
支払う点は同じですが、運用責任と給付の内容に違いがあります。

●確定給付年金と確定拠出年金

　確定給付年金は、退職したサラリーマンに対して、勤続年数に応
じて定められた額の年金を会社が支払う制度です。拠出した掛金を
運用して年金の支給に必要な原資を確保する**責任は会社にあります**。

　サラリーマンから見れば、退職後にもらえる年金の額が勤続年数
に応じて確定しているのが確定給付年金です。

　他方、確定拠出年金は、会社が拠出した掛金は**サラリーマン自身
の責任で運用します**。その運用によって確保できた資金の範囲内で
年金が受け取れます。

　言い換えれば、会社は掛金を拠出しますが、サラリーマンが退職
後に受け取れる年金の額は決まっていません。確定拠出年金では、
会社の責任は掛金を拠出することで終了しているのです。

　これを図示すると、**図表 4-6** のようになります。

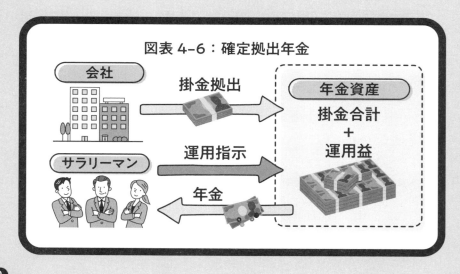

図表 4-6：確定拠出年金

会社　　掛金拠出　　年金資産

掛金合計
＋
運用益

サラリーマン　　運用指示

年金

　会社が拠出する掛金の額は、役職が上がるほど多くなるのが一般的です。仮に、22歳で就職してから60歳までの38年間を平均して、月2万円の掛金を会社が拠出する場合、掛金の総額は、以下のように912万円になります。

$$20,000 円 × 12 ヵ月 × 38 年 = 9,120,000 円$$

　この掛金の総額と、それをサラリーマン自身が運用して得た運用利益との合計が、退職後に受け取る年金の原資になります。

　つまり、運用成績が良かったサラリーマンは912万円以上の年金を受け取れるし、悪かったサラリーマンは少ない額しか受け取れません。運用に失敗した場合はゼロになることもあるのが確定拠出年金なのです。

● 確定拠出年金の人気

　退職一時金や確定給付年金は、会社に長期間勤務すると支給額が増える仕組みになっているので、長期間勤務する人に有利な制度です。

　しかし現代では、キャリア・アップのために生涯で2〜3回の転職を繰り返す人もいます。そういう人にとっては、あまり有難くない制度です。

　これに対して確定拠出年金では、会社が拠出した掛金とその間の運用収益はサラリーマン自身のものです。転職して会社を替わるときでも、それを自分のものとして持ち続けることができます。そのため確定拠出年金は、転職を繰り返しながらキャリアを築いていく人に向いていると言えます。

　新しい知識やスキルを持っている人材を求めている会社でも、人材の流動化を高めるために積極的に確定拠出年金の制度を導入しています。

確定給付年金よりも多い確定拠出年金

　2022年11月16日の日本経済新聞の記事によると、2022年3月末においては、会社が掛金を拠出する確定拠出年金の加入者は782万人です。加入者本人が自ら掛金を拠出する個人型の確定拠出年金の加入者は約239万人で、合計1,021万人です。これは、確定給付年金の加入者943万人を上回ります。

● 自分の退職給付制度の確認

　サラリーマンの退職給付制度を一覧表にすると、以下のようになります。

主な退職給付制度

制度	掛金拠出者	運用責任者	給付
退職一時金	会社	会社	確定した一時金
確定給付年金	会社	会社	確定した年金
確定拠出年金	会社	サラリーマン	運用次第の年金

　退職一時金や確定給付年金に加えて確定拠出年金を導入している会社もあれば、退職一時金や確定給付年金に替えて確定拠出年金を導入している会社もあります。

　他方、退職一時金や確定給付年金はおろか、確定拠出年金の制度もない会社もあります。つまり、退職にあたって特別な給付は一切ないという会社です。このような会社では、毎月の給与を高めに設

定して〝退職金は給与に織込み済み〟と説明しています。

　私たちは、就職あるいは転職した会社が、どのような退職金制度を導入しているのか、退職後にどれくらいのお金がもらえるのかを、しっかりと確認しておく必要があります。

　退職給付制度がない会社に勤務するサラリーマンは、次項以降で取り上げる**イデコ**や**個人年金保険、積立定期預金、財形年金貯蓄**などを利用して、退職後の生活資金を確保する必要があります。

イデコ（ideco）

● 2つの確定拠出年金

　確定拠出年金には、会社が掛金を拠出する〝**企業型の確定拠出年金**〟と、加入者本人が掛金を拠出する〝**個人型の確定拠出年金（通称、イデコ）**〟の2つのタイプがあります。

　企業型の確定拠出年金は、会社の退職給付制度の1つです。これに加入できるのは、この制度を導入している会社のサラリーマンのみです。

　一方、個人型の確定拠出年金（イデコ）は、制度に加入している個人が掛金を拠出し、それを自分の責任で運用して、退職後の生活資金を確保するための制度です。

　イデコには、サラリーマンのみならず、自営業者やフリーター、専業主婦なども加入できます。

　このように2つは、名前は似ていますが、まったく別ものです。会社が関わるのは企業型だけです。個人型は会社とは何の関係もありません。

● イデコの仕組み

　イデコの仕組みを図示すると、**図表4-7**のようになります。

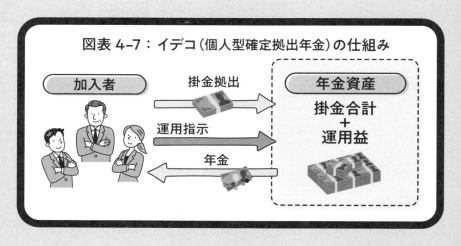

図表 4-7：イデコ（個人型確定拠出年金）の仕組み

加入者　　掛金拠出　　年金資産

掛金合計
＋
運用益

運用指示

年金

　また、会社の退職給付制度の1つである企業型の確定拠出年金に加入しているサラリーマンが個人でイデコにも加入している場合、掛金の拠出者は会社とサラリーマン自身の2者ですが、運用責任はいずれもサラリーマン自身が負い、企業型確定拠出年金とイデコの両方から年金を受け取ります。

　この関係示したのが、**図表 4-8** です。

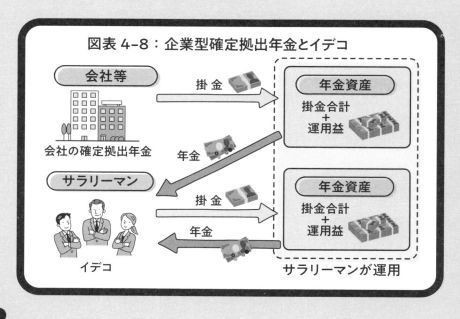

図表 4-8：企業型確定拠出年金とイデコ

会社等　　掛金　　年金資産

掛金合計
＋
運用益

会社の確定拠出年金　　年金

サラリーマン　　掛金　　年金資産

掛金合計
＋
運用益

年金

イデコ　　　　　　サラリーマンが運用

● イデコの掛金

イデコの掛金には上限があります。上限額は会社が導入している年金制度の種類によって、以下のようになっています。

イデコの掛金上限額

会社の年金の種類	掛金の上限額
会社の年金なし	月 23,000 円
会社の年金は確定拠出年金のみ	月 20,000 円
会社の年金は確定給付年金、または確定給付年金と確定拠出年金との併用	月 12,000 円（2024 年 12 月から 20,000 円に増額）

コラム

自営業者の掛金

自営業者の年金は基礎年金と呼ばれる国民年金のみで、サラリーマンにある厚生年金がありません。当然ですが、退職一時金や確定給付年金もありません。そのため、国民年金で不足する分は、すべて自分で用意しなければなります。

そのため、自営業者がイデコに加入する場合の掛金の上限額は月額68,000 円と、サラリーマンよりも大幅に引き上げられています。

他方、自営業者は 65 歳以降も業務に従事し、収入を得ることができることを考えれば、老後生活のために蓄えておくべき資金の額はサラリーマンの場合の 2,000 万円よりも少なくなると考えられます。

● イデコの掛金運用

　イデコでは拠出した掛金は加入者自らが運用しますが、初めての人は、何をどう運用すればいいのか、皆目見当がつきません。投資先の選定に悩む初心者のため、法律で定められた条件を満たす運用対象の商品を確定拠出年金の運営管理機関（銀行、保険会社、証券会社等）が選定しています。

　運営管理機関によって選定されている商品には、**「元本確保型」**と**「価格変動型」**の商品があります。

　元本確保型は、積み立てた元本が確保されるタイプで、財形貯蓄、貯蓄型保険、積立定期預金、保証付きの国債や地方債などを扱った商品があります。これらは、元本割れのリスクが無いというメリットがある反面、低金利の状況では将来の年金受取りに必要な資産を多くは増やせないというデメリットがあります。

　価格変動型は、積み立てた元本が運用によって変動するタイプで、投資信託がこれに当たります。投資信託にも、リスクが低い順に**国内債券型、海外債券型、国内株式型、海外株式型**があります。これらは、運用実績に応じて資産が増えますが、逆に減ってしまうこともあります。

　運用は、**図表 4-9** のように、定期預金に 20％、個人年金保険に 30％、投資信託 A に 30％、投資信託 B に 20％などと、自由に選択することができます。運用商品や運用割合は、途中で見直すこともできます。

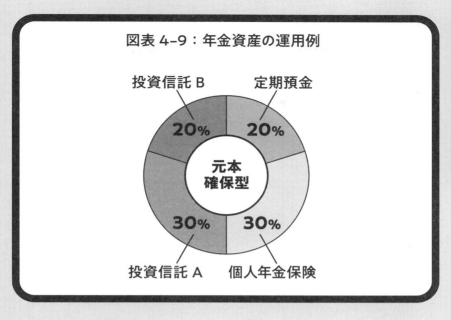

図表 4-9：年金資産の運用例

● 積立て例

　イデコの加入対象者は、原則 60 歳未満の公的年金加入者ですが、会社員、公務員および退職者で国民年金に任意で加入している人は 65 歳まで加入することができます。

　マイ・ホーム頭金の積立てが終了した 32 歳から毎月 20,000 円を 65 歳までの 33 年間に渡って積み立てた場合、以下のように積立総額は 792 万円になります。

$$20,000 円 × 12 ヵ月 × 33 年 = 7,920,000 円$$

● 受給

　イデコの年金は、60 歳から 75 歳までの希望する年齢から支給を受けることができます。ただし、60 歳から支給を受けるには、それ以前に 10 年以上の通算加入期間が必要になるので、それに満たない場合は、支給開始年齢が遅くなります。

個人年金保険

　個人年金保険とは、60歳や65歳といった一定の年齢まで、毎月、保険料という形で資金を積み立て、その積立金をもとに年金の支給を受けるという保険です。なお、年金受取り開始前に被保険者が死亡したときは、払込保険料相当額の死亡給付金が支払われます。

　個人年金保険の仕組みを図にすると、以下のようになります。

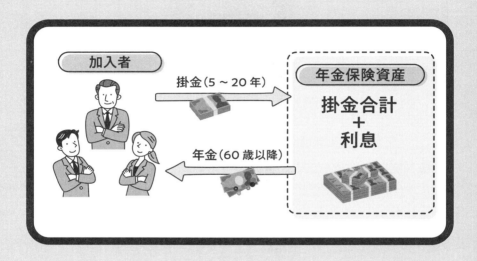

● 積立て例

　年齢が50歳ころになると、子供の学資保険料の支払いも一段落します。

　仮に51歳から2万円を、54歳から4万円を65歳まで積み立てると、積立総額は、以下のように648万円になります。

> **（20,000円 × 12 ヵ月 × 3 年）＋**
> **（40,000円 × 12 ヵ月 × 12 年）＝ 6,480,000 円**

積立定期預金

積立定期預金は、毎月一定の日に、一定金額の預金を積み立てて、目標額を目指す定期預金です。

毎月の積立額は 5,000 円以上で、自由に設定することができます。積立期間も自由に設定することができますが、最長 10 年です。積立期間が終了して、据置期間を経過した日が満期日になります。

● 積立て例

子供が独立し、退職の時期が見えてきて、住宅ローン（月 11.5 万円）の返済も終了した 60 歳時に、老後資金を確保するために積立定期預金を始めるとします。

65 歳までの 5 年間に渡って、毎月 10 万円を積み立てると、積立総額は、以下のように 600 万円になります。

$$100{,}000 \text{円} \times 12 \text{ヵ月} \times 5 \text{年} = 6{,}000{,}000 \text{円}$$

財形年金貯蓄

財形年金貯蓄は、55 歳未満のサラリーマンが、会社の協力を得て給与から一定額を天引きして、5 年以上の期間にわたって定期的に積み立てて、60 歳以降の契約所定の時期から 5 〜 20 年の期間にわたって年金の支給を受けることを目的とした貯蓄です。

財形貯蓄は、給与天引きなので確実に貯蓄できる、途中で引き出せないので確実に老後資金として確保できる、というメリットがあります。

また、積立残高 550 万円までの貯蓄の利息に対する 20％の税金が非課税になるという優遇措置があります。

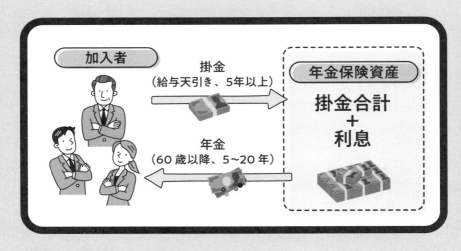

加入者 → 掛金（給与天引き、5年以上） → 年金保険資産 掛金合計＋利息

年金（60歳以降、5〜20年）

老後資金のまとめ

老後資金として取り上げた、イデコ、個人年金、積立定期預金の積立額は合計すると、以下のように 2,040 万円になります。これは、夫婦 2 人して確保した老後資金です。

	積立総額
イデコ	792 万円
個人年金保険	648 万円
積立定期預金	600 万円
合 計	2,040 万円

さらに、すでに取り上げたように、仮に会社が確定拠出年金へ月平均 2 万円を 38 年間拠出している場合は、その積立額は 912 万円になります。夫婦とも同じような確定拠出年金に加入している場合は、2 人で 1,824 万円になります。

積立額と会社の確定拠出年金を合わせた老後資金の総額は **3,864 万円**になります。

コラム

確定拠出年金が
誕生した背景

　すでに本文中で取り上げたように、退職によって収入を失うサラリーマンのために、多くの会社は退職一時金や年金を支払う制度を設けています。年金には、確定給付年金と確定拠出年金の２つがあります。両者は、年金のもとになる掛金を会社が支払うという点では同じですが、違いもあります。

　確定給付年金は、退職したサラリーマンに対して定められた額の年金を会社が支給する制度です。拠出した掛金を運用して年金の支給に必要な資金を確保する責任は会社にあります。一方確定拠出年金は、会社が拠出した掛金をサラリーマン自身の責任で運用します。その運用によって確保できた資金の範囲内で年金を受け取れるのが確定拠出年金です。

　サラリーマンにとっては、確定した年金をもらえる確定給付年金のほうが安心なのですが、じつは、確定拠出年金は確定給付年金の制度を代替する型で導入された経緯があります。

　今から40年前の昭和の時代には、仕事に習熟した従業員を長く会社に留め置くために、多くの会社は長期間勤務すると有利な給与体系を採用していました。その１つが、一定期間勤務すると支給される確定給付年金制度です。

　しかし、1991年のバブル崩壊後の景気後退期に入り、年金資産の運用利回りが低下したため、多くの会社が掛金の追加拠出を余儀なくされました。同じ時期に会計制度の変更があり、会社が将来負担する予定の年金の額を一挙に会社の債務として反映することが義務づけられました。

　これを避けるために、多くの会社が確定給付年金制度を廃止もしくは中止し、確定拠出年金への移行を進めたのです。

7. 人生の 資金プランの総括

本章で取り上げた結婚資金、マイ・ホーム頭金、子供の教育資金、老後資金を確保するために、ライフ・ステージに渡って毎月拠出する掛金を一覧にしたのが、**図表 4-10** です。表の数字は金額で、単位は万円です。

図表 4-10：人生のイベント資金の拠出額

	22歳	30歳	32歳	35歳
結婚資金	2.0			
マイ・ホーム頭金	1.5	3.0		
学資保険（第1子）			2.0	2.0
（第2子）				2.0
老後資金（イデコ）			2.0	2.0
（個人年金保険）				
（積立定期預金）				
貯蓄合計額	3.5	3.0	4.0	6.0
賃借家賃	6.5	10.0		
住宅ローン返済			11.5	11.5
住宅費合計額	6.5	10.0	11.5	11.5
貯蓄・住宅費合計	10.0	13.0	15.5	17.5

　マイ・ホーム購入資金は、頭金の積立てと住宅ローン返済の組合せになるので、参考までに、独身時代の賃借家賃6.5万円、30歳で結婚した後の賃借家賃10万円、マイ・ホーム購入後の住宅ローン返済額月11.5万円も併せて表示しました。

	50歳	53歳	60歳	65歳
		2.0		
		2.0	2.0	2.0
		2.0	4.0	4.0
				10.0
		6.0	6.0	16.0
		11.5	11.5	0
		11.5	11.5	0
		17.5	17.5	16.0

（単位 万円）

（図表4-10の注意点）

1. 図表4-10は、30歳で結婚するという前提で作成しています。すなわち、22～30歳の期間の結婚資金とマイ・ホーム頭金、賃借家賃の金額は、それぞれ1人分の金額です。
   30歳以降は夫婦2人合わせた金額です。そのため30～32歳間のマイ・ホーム頭金は3万円、賃借家賃は10万円になっています。

2. 結婚資金とマイ・ホーム頭金は、ボーナスからの積立て（年2回、各3万円）を予定していますが、図表4-10には反映していません。

3. 住宅ローンは、返済期間28年、年2回のボーナス払い（各20万円）とした返済額ですが、ボーナスからの返済額は反映していません。

第5章

お金を増やす（運用する）

1. お金の 時間価値

「**時**間価値」というのは、今の現金 10,000 円と 1 年後の 10,000 円は、同じ価値ではないという考えです。それは利息に表れています。

例えば、年間利率 2% で 10,000 円を預けると、1 年後に受け取れる額は以下の算式で 10,200 円になります。

$$10,000 円 \times (1 + 0.02) = 10,200 円$$

この意味は、年間利率 2% のもとでは**「今の 10,000 円と 1 年後の 10,200 円は、同じ価値を持つ」**ということです。

言い換えれば、1 年後の 10,000 円は、以下の算式で今の 9,804 円の価値しかないということです。

$$10,000 円 \div (1 + 0.02) = 9,804 円$$

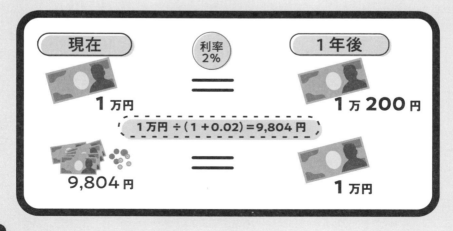

現在　利率 2%　1 年後

1 万円　＝　1 万 200 円

1 万円 ÷ (1 + 0.02) = 9,804 円

9,804 円　＝　1 万円

　10,000 円を 10 年間タンスの中にしまっておくと、10 年後も 10,000 円のままですが、年間利率 2％で 10 年間銀行に預けると、10 年後に受け取れる金額は、以下の算式で 12,189 円になります。

$$10,000 \text{円} \times (1 + 0.02)^{10} = 12,189 \text{円}$$

　住宅ローンのように長期間に渡る借入れや、老後資金の確保などのために長期間に渡る貯蓄をするときは、お金の時間価値が大きな意味を持ちます。

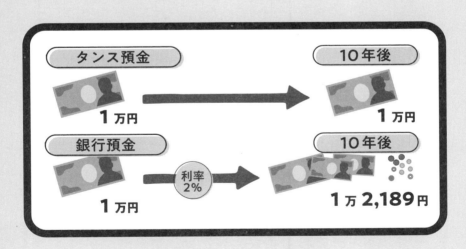

2. 元本確保型と 価格変動型

資産の運用

何度も取り上げましたが、**収入と支出の差額は貯蓄**になります。

この貯蓄をタンスの中にしまっておけばどうなるでしょうか？ 例えば、現金 100 万円は 20 年後も 100 万円のままです。しかしこれを年利率 2 ％で運用すれば、20 年後には 148.6 万円になります。

お金をタンスの中に眠らせておくのではなく、働かせて増やすのが資産の運用です。言い換えれば、資産の運用とは、**お金でお金を増やす**ことです。お金でお金を増やすには、お金を稼ぐ運用商品を買わなければなりません。これを**投資**といいます。

運用商品には、以下のようなものがあります。

運用商品

- ●財形貯蓄、積立定期預金などの預金
- ●貯蓄型保険
- ●株式
- ●債券（社債、国債など）
- ●投資信託
- ●不動産投資信託、その他、

上記にある不動産投資信託は、投資者から集めた資金を投資の専門家が様々な不動産に投資して、そこで得た賃料や不動産の売却益を投資者

へ分配する仕組みです。

　自分が保有している土地などの〝不動産の活用〟とは、まったく別のものです。

元本確保型と価格変動型

　企業型の確定拠出年金とイデコの項で取り上げたように、資産を運用する商品には**「元本確保型」**と**「価格変動型」**があります。

　これまでに、資金を確保する手段として財形貯蓄、貯蓄型保険、投資信託、積立定期預金を取り上げてきました。これらは、投資信託以外は元本確保型の資産運用です。

　元本確保型は、元本割れのリスクがないというメリットがある反面、低金利の状況では資産を多くは増やせないというデメリットがあります。

　一方、価格変動型は、積み立てた元本が運用によって変動するタイプです。運用実績に応じて資産が増えますが、逆に減ってしまうこともあります。

　ちなみに、元本確保型の資産に投資して利率0.2％で20年間複利運用すれば資産は104.1％に増えます。他方、価格変動型の資産に投資し、20年間運用して運用利回りを年2％確保した場合、資産は148.6％に増えます。もっと積極的に運用して運用利回り4％を確保した場合は、219.1％に増えます。

　次頁以降に、価格変動型の運用資産である株式と投資信託について簡単に紹介します。なお、詳細は証券会社や銀行等の金融機関にお問い合わせください。

3. 株式

株式と株主の権利

株式は、会社に資金を提供した投資者へ会社が発行・交付する証券です。投資者から見れば、資金を拠出した見返りに受け取ったのが株式です。

すでに発行・交付されている株式は、証券取引所等を介して購入することができます。これが**株式投資**です。

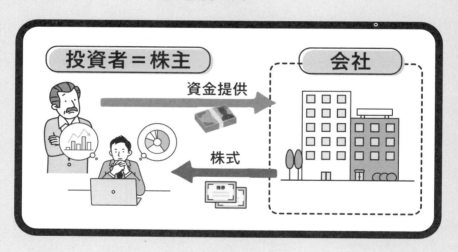

株式投資の目的

株式へ投資する経済的目的は、以下の3つです。

○配当金を受け取る

○株主優待を受ける

○株式が値上がりしたら売却し、購入価格との差額である売却益を手に

入れる

　配当金は会社の利益の一部の分配を受け取るものです。株主優待は、株式を発行した会社の商品やサービスを無償で譲り受けたり、割引購入券を受け取ったりするものです。これらは、株式を取得すれば、次の年から受け取ることができます。

　3つ目の株式の売却益は、株式の1株当たりの購入価格と売却価格の差額です。これを示したのが**図表5-1**です。

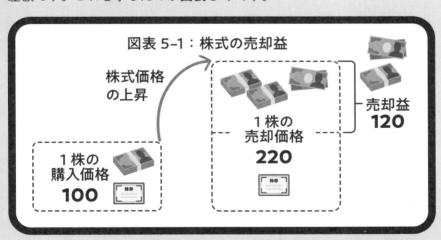

図表5-1：株式の売却益

株式価格の上昇

1株の購入価格 **100**

1株の売却価格 **220**

売却益 **120**

長期運用

　株式を取得（購入）した会社の業績が順調に推移し、**図表5-1**に示したように株式価格が上昇すれば売却益を得ることができます。

　当然ながら、価格が上昇するスピードは株式によって異なります。短期間で上昇する株式を見つけ出して、それへ投資するのが株式投資のプ

ロです。しかし、他に仕事を抱えている素人には、ほぼ不可能なことです。結論から言えば、株式の売却益を手に入れるのは簡単ではありません。

一般の人が売却益を得るには、株式価格が値上がりするのをじっくり待つしかありません。売却益を期待するのであれば10年以上の長期運用に徹する覚悟を持ちましょう。 短期間で売買を繰り返すのではなく、じっくりと持ち続けるのです。

新聞や雑誌に投資の素人が〝**短期間で資産を数倍に増やした**〟などという記事が掲載されることがありますが、これはごく、稀な例です。自分には縁がないと諦めるのが賢明です。

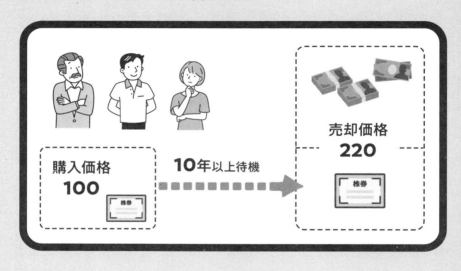

株式選択の指標

● 一般的な指標

株式を購入する場合は、ある会社の株価が割高なのか、割安なのかを判断します。割安な株式ほど、将来の値上りが見込める株式なので、投資に適しています。

株式の投資指標には、以下のものがあります。

名称	内容
配当利回り	株価(投資金額)に対する配当金の割合で、1株当たり配当金が変わらない場合、株価が下落するほど高くなる
配当性向	純利益のうち配当金として支払った金額の割合で、高いほど多くの利益を株主に還元していることになる
株価収益率 （PER）	株価が、1株当たり純利益の何倍になっているかを示す指標で、PER が低いほど株価は割安になる
株価純資産 倍率(PBR)	株価が、1株当たり純資産の何倍になっているかを示す指標で、PBR が低いほど株価は割安になる
自己資本 利益率(ROE)	会社が株主から預かった資金(自己資本)で、どれだけ純利益を上げているかを示す指標で、ROE が高いほど効率よくお金を使っていることになる

● 長期投資の指標

「氷河期に生き残ったのは力の強い生き物ではなく、環境変化に順応した生き物だ」と言われますが、会社も同じです。

いま巨大な会社でも、社会の変化に順応し、消費者が望む商品やサービスを提供し続けることができなければ、やがて衰退してしまいます。

すなわち、**株式の長期運用をする際の判断基準としては〝消費者が望み、社会の役に立つ商品やサービスを開発し、提供し続ける力があるかどうか〟こそが、重視すべき指標なのです。**

4. 投資信託

仕組み

　株式に投資する場合は自分で株式を選びますが、投資信託では情報力と投資経験が豊富なファンド・マネージャーと呼ばれる運用の専門家が投資者に代わって株式を選択します。投資信託の仕組みを示したのが、**図表 5-2** です。

タイプ

　投資信託は、運用対象によって、公共債や事業債を中心に運用する**公社債投資信託**と、株式にも投資可能な**株式投資信託**があります。公社債

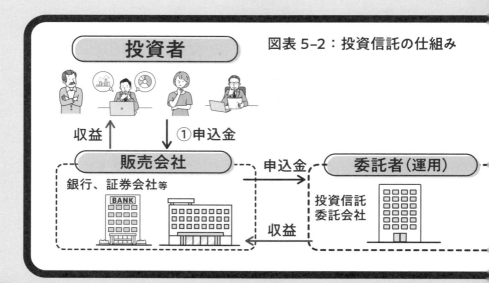

図表 5-2：投資信託の仕組み

投資信託は、株式には一切投資しません。

　投資信託は、その運用スタイルにより**パッシブ型**と**アクティブ型**があります。パッシブ型は日経平均株価などのインデックスに連動する商品で、アクティブ型はインデックス指数を上回る運用成績を目指す商品です。アクティブ型がより価格変動型のタイプです。

運用のコスト

　販売会社、委託者、受託者に対しては、**信託報酬**と呼ばれる手数料や報酬を支払わなければなりません。これらは投資信託を運用・管理するための費用なので、運用成績のいかんにかかわらず投資信託を保有している期間はずっと支払うことになります。

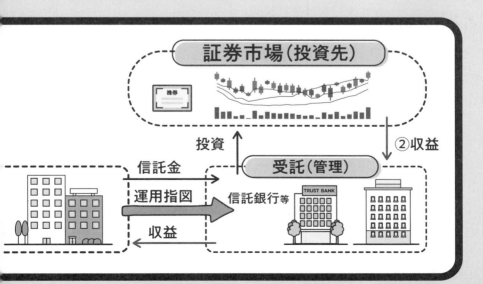

5. 資産運用の教育

資産運用の実態

　今後も低金利と物価上昇は続くと考えられます。資産を効率よく運用するには、物価上昇に強い株式やアクティブ型投資信託での運用は必須です。

　しかし、一部の資産運用のプロを除いては、自分で、将来値上がりする投資対象を見つけるのは至難の業です。もっと言えば、不可能です。これに気付いている多くの人は、価格変動型の金融商品への投資には慎重です。

　事実、少額投資を促す NISA では 1,700 万の口座が開設されていますが、そのうち 3 〜 4 割が実際には使われていません。未稼働のままです。

　また、確定拠出年金の運用資産の半分程度は預貯金や貯蓄型保険などの元本確保型の商品で運用されており、加入者の 3 割程度は元本確保型の商品だけで運用しています。

求められる対応

　日本証券業協会の調査によると、証券投資に関する教育を受けていないという個人は、全体の 8 割に上ります。今後、価格変動型での運用を含めた**投資の分散**を進めるには、参加者の金融知識を豊かにし、これまで経験がない株式や債券への投資の心理的不安を解消する必要があります。

　個別の商品取引だけではなく、ライフ・プランニングや各イベントに必要な資産形成、積み立てた資産の取崩し方法なども教える必要があります。

　具体的には、例えば企業型の確定拠出年金では、会社による従業員への投資教育や価格変動型の商品に関する情報提供を充実させる必要があります。

　また、NISAやイデコを利用する個人の金融知識不足を補うには、これらの人々に資産運用口座を提供する銀行や証券会社などによる情報提供が望まれます。

学校での金融教育

　これまで見てきたように、これからは国民1人1人が自分で資産を運用し、老後の生活に備えなければなりません。しかも、老後資金の確保は、長期間を要する一大イベントです。若い時から老後の生活資金を確保するための行動を起こす必要があります。

　社会に出て、お金を稼ぐようになったら直ぐに老後資金を確保する行動を起こせるように、小・中・高校での金融教育は欠かせません。しかし、社会科の先生といえども、金融について十分な知識を有している人は少ないと思われます。

　そこで、銀行や証券会社による出張授業などの金融教育を積極的に取り入れていく必要があります。

6. 新しい NISA

20 24 年度から、新しい**少額投資非課税制度（NISA）**が導入されます。この制度を利用すれば、**投資した株式や投資信託からの配当金や分配金などにかかる約 20%の税金が非課税になります。**

　この制度を利用できるのは年間 360 万円までの投資で、上限は 1,800 万円になります。年間投資額 360 万円のうち株式に投資できるのは 240 万円、株式に投資できる上限は 1,200 万円になります。

　投資対象が株式や投資信託なので、価格変動で元本割れするリスクもありますが、株価の上昇に伴って投資資産を大きく増やすチャンスもあります。

　本章では、株式と投資信託への投資を紹介しました。これを新しい NISA のもとで運用すれば、運用で上げた配当金や分配金をそのまま複利で再運用に回せるので、資産を増やす効率がより高くなります。

コラム

NISA はどのように変わるか？

2024 年度から新しい NISA が導入されますが、どのように変わるのでしょうか？

現在の NISA は、一般 NISA とつみたて NISA があります。それと新しい NISA を比較したのが以下の表です。

	現在の NISA		2024 年度からの NISA		
	一般 NISA	つみたて NISA	成長投資枠	つみたて投資枠	合計
年間非課税投資上限	120万円	40万円	240万円	120万円	360万円
最大投資枠	600万円	800万円	1,200万円		1,800万円
非課税期間	5年	20年	無期限		

新しい NISA の成長投資枠の使用は任意で、つみたて投資枠だけで1,800万円を使うこともできます。

最大投資枠は投資したときの金額、すなわち元本で判断するので、運用で資産が増えても関係がありません。最大投資枠は、あくまでも枠であって、この枠内であれば運用期間中に投資金額の増加や減少があってもかまいません。

現行 NISA では１年間の投資枠をその年に使い切らないと、その枠は使えなくなりますが、新しい NISA では年間 360 万円以内ならば、いつでも使うことができます。

例えば、20 歳の時から月 3 万円を 50 年間積み立てれば、積立の元本は 3 万円 × 12 ヵ月 × 50 年 = 1,800 万円になります。年 4％の利回りなら、70 歳に達する 50 年後の運用益を加えた金額は 5,730 万円になります。

7. 金融詐欺の手口

　　資産運用に関心がある人の元へは「必ず儲かる、高いリターンがある、安定した運用成績だ」などを売り言葉にした投資勧誘が頻繁に舞い込みます。しかしこれは要注意です。

　多くの人は、自分の資産を少しでも有利に運用したいと考えています。それに付け込んで、様々な詐欺を働き、資産をだまし取る手口が、後からあとから出てきます。

　すべての詐欺の手口を取り上げることはできませんが、繰り返される詐欺の手口には、以下のようなものがあります。

必ず儲かる

　「必ず儲かる」といって投資を進める手口は、世界中にあり、枚挙に暇がありません。しかし「必ず儲かる」は嘘です。必ず儲かるなら、すでにみんながやっているはずです。それが全員に広まらず、一部の人にのみ口伝えなのは、それが詐欺だからです。

　「今、新製品を考えている。月に8％の配当を支払うので、投資しませんか？」などという誘いもあります。これは年率にすると、実に96％です。こういった詐欺では、投資した人を安心させるために、当初は高い配当金を実際に支払います。しかし、そのうち配当はパタッとなくなります。

　多くの日本の株式会社の配当は年5％程度です。いかに急成長の会社でも96％の配当はあり得ない話です。

高利息をうたう

　「皆さんに投資していただいた資金は、発展性の高い有望な会社へ投資するので、投資金額の 20％以上の利息の支払いが可能です」などというのも嘘です。国内の金融機関の定期預金の金利が 0.03％の時代に、20％もの利息を支払うというのは明らかにおかしいのです。

　このような高率の利息を支払うという投資話では、当初は、投資者を安心させるために、約束通りの利息を支払います。しかしその原資は、実際の運用で儲けたものではなく、新しい投資者から集めたお金です。新しい投資者から集めたお金を、古い投資者へ利息として支払っているのです。

　その目的は何かと言うと、古い投資者に追加の投資をさせるためです。約束通りの高い利息をもらっている古い投資者は、さらに資産を増やそうとして追加の投資に応じがちです。

　しかし、再投資をした次の瞬間から利息の支払いはピタリと止まります。文句を言って投資の解約を申し出ても「責任者がいない」などと言って、投資した資金の返還に応じようとはしません。

　それもそのはずです。投資したお金は、すでに利息として他の投資者に支払われているのですから、金庫の中は空っぽなのです。

エピローグ

お金の
管理ツール

人生のお金の管理では、①支出を収入の範囲内に収めて、貯蓄するための資金を確保すること、そして②資金を各ライフ・イベントのために必要な額だけ積み立てること、が大事です。
エピローグでは、人生のお金の管理に役立つツールについて取り上げます。

1. 複数の預金口座

🈔 **表0-1** に示したように、家庭の収入には給与等、親等からの贈与、借入れ、積立金の取崩し、などがあります。定期的な収入は給与等だけで、それ以外は臨時的なものです。

また支出には税金・社会保険料、家賃または住宅ローン等の返済、公共料金、リスク保険料、子供の教育資金や老後資金などの貯蓄、日常生活のための支出などがあります。これらは定期的なものと臨時的なものがあります。

これらの定期的および臨時的な収入と支出を1つの預金口座で管理すると、様々な収支が混在することになります。

あるいは、将来の支出のための貯蓄を1つの預金口座で管理すると、複数の異なる目的のための貯蓄が混在した状態になり、各目的の資金が十分に確保されているのかを確認するのが困難になります。

そこで、支払目的ごとに預金口座を分けて資金を管理するのが便利です。

コラム
複数口座の利用例？

　複数口座の利用例を、日常の生活費を引き出す口座とは別にクレジット・カードの利用代金を支払う口座を持つケースで見て見ましょう。

　クレジット・カードを利用した買い物代金は、後日、支払わなければなりません。利用代金の支払方法が1回払いの場合でも、支出はカードを利用した日の1～2ヵ月後になります。その間、このお金は使わずに、確保しておく必要があります。

　そこで、クレジット・カードで買い物をした時は、その時点で支出を家計簿に記録し、その代金をクレジット・カードの利用代金を支払う口座に移します。当然ながら、日常の生活費を引き出す口座の金額は減少します。

　こうすれば、カード代金の支払いを気にせずに生活費に回す口座の残高を使うことができるようになります。

2. 共同口座の利用（ジョイント・アカウント）

　　総 務省によれば、2021年度における共働き世帯は1,247万世帯と専業主婦世帯の2倍に上ります。

　共働き世帯の場合、給料・ボーナスは夫婦それぞれの預金口座へ振り込まれます。そして、個人で管理する預金口座と家族全員のための資金を管理する預金口座を分けることが少なくありません。

　家族全員のための資金を管理する口座は、共同口座あるいはジョイント・アカウントと呼ばれます。

定期支出の共同口座

　共同口座を設ける場合、夫婦2人の預金口座に振り込まれた給料から一定額を共同口座に振り替えて、それを定期支出に回します。

　2人の預金口座に残っているお金は、それぞれの趣味や教養、妻や夫へのサプライズ・プレゼントなどのための小遣いになります。独身時代から続く貸与型奨学金の返済を個人の口座から行っている人も多く見受けられます。

　それぞれの個人の口座から共同口座に〝いくらを振り替える〟かは、家族全員の支出の範囲を決めることからはじまります。これには、家族全員の支出とは何か、どのような支出を共同口座からの支出とするのか、を決める必要があります。

　例えば、共同口座からは家賃の支払いや住宅ローンの返済、各種ローンの返済、リスク保険料、日常の生活費などを支払い、子供の教育資金や老後資金などを積み立てるようにするのも一案です。

　また、妻や夫のスーツや外出着などはどうするのか、夫婦でよく話し合っておく必要があります。

これを図にすると、**図表 6-1** のようになります。

図表 6-1：夫婦の口座と共同口座

給料
天引き

妻の預金口座

¥

給料
天引き

夫の預金口座

¥

一定額の
振替え

共同口座

¥

定期支出

臨時支出の共同口座

　定期支出用の共同口座とは別に臨時支出を管理する共同口座を設ければ、臨時支出と定期支出を切り離して管理することができます。

　臨時支出用の共同口座には、夫婦のボーナスから一定額を振り替え、これを臨時支出に回します。

　この他、親からの贈与や祝い金、家族のための借入れ、積立金の取崩し、家族が使用していた物品のフリマでの販売収入、国や自治体が支給する家族への給付金なども、臨時支出用の共同口座へ入金します。

3. 家計簿

庭の収入と支出の内容を記録するのが家計簿です。

何を記録するか?

　サラリーマン家庭の定期収入は給与です。これらの収入は定期支出に向けられます。すでに述べたように、支出は貯蓄を含みます。

　では、どの範囲の支出を家計簿に記録するのでしょうか?　すべての収入と支出を記録の対象にすることも考えられますが、頻繁に支出がある預金口座の記録で十分であると考えられます。

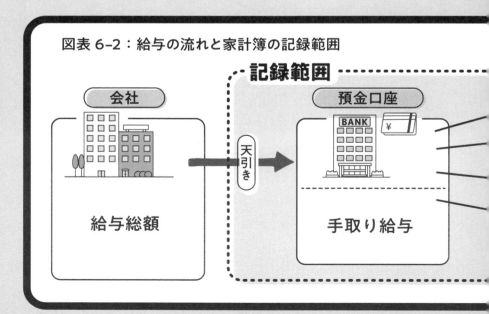

図表 6-2：給与の流れと家計簿の記録範囲

　頻繁に支出がある預金口座から、支払いや貯蓄のために別の預金口座へ移管されたものは家計簿の記録の対象にしますが、移管されたあとの預金口座からの支払いや貯蓄は家計簿に記録する必要はないと思われます。なぜなら、これらの出金はそれほど頻繁ではなく、預金通帳の入出金記録で十分に確認できるからです。

　以上をまとめて、記録する範囲を図にすると**図表 6-2** の……点線で囲った範囲になります。

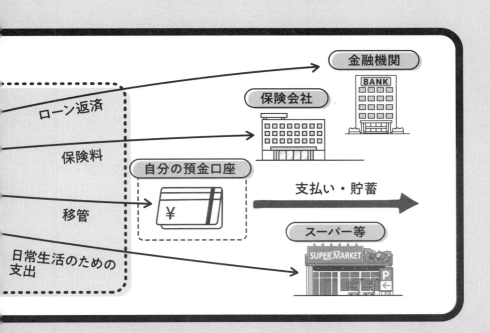

記録の様式

図表 6-3 は、支出の項目が複数に分かれている多桁式家計簿の例です。市販されている家計簿の多くは、この多桁式家計簿です。

図表 6-3：一般的な多桁式家計簿

日付	収入		支出項目と金額					現金残高
	項目	金額	食料品	日用雑貨	教養費	その他	合計	
								100,000
1日			1,000					99,000
2日				1,200				97,800
3日						住宅ローン返済 78,000		19,800
···			···	···	···	···	···	···
合計			23,000	12,000	5,000	136,000	···	···

図表 6-3 では縦に月日、横に支出項目を取っていますが、縦に支出項目、横に月日を表示するものもあります。支出項目が多岐にわたる場合は、縦に支出項目を表示する方が便利です。

家計簿は記録するのが目的ではなく、例えば1ヵ月間の支出の記録を振り返り、無駄な支出や削減可能な支出を発見し、それを翌月の支出計画に反映するのが目的です。これにより、支出をより有意義な目的へ振り向けたり、貯蓄へ回すお金を増やしたりすることができます。

予算による支出管理

〝すでに支出したものを記録するのでは、無駄な支出を防げない〟という意見もあります。まったくその通りです。まずは、支出を収入の範囲内に収めなければなりません。そこで用いるのが、後述の**図表 6-4**

「予算による支出管理の家計簿」 です。

● 予算の設定

　予算の活用では、支出額が収入の範囲内に収まるように毎月の支出総額を決めます。例えば、収入が30万円で5万円の貯蓄を目指す場合は、支出を25万円に抑えなければなりません。これが支出の予算総額です。

　次に、予算総額を主な支出項目に割り振ります。例えば、食料品へ6万円、日用雑貨へ2万円、住宅ローンの返済へ10万円、公共料金へ3万円、などです。そして各項目の支出は、割り振った予算の範囲内に抑えます。

　予算の作り方ですが、電気、ガス、水道、通信費などは、過去2〜3年の支出額を振り返れば、季節的な変動があるにせよ、相当の精度で毎月の支出額を予測することができます。

　食料品費や日用雑貨費、交際費、医療費などのようにほぼ毎月支払うものも、過去の支出を振り返れば毎月の支出額を大体予測することができます。

　衣服費、外食費、教養・娯楽費などのように、支出をするか否か、金額はいくらにするかを自由に決められるものについても予算を作り、支出をその範囲内に抑えます。

● 運用

　図表6-4 は予算による支出管理の家計簿の様式の例です（収入の欄は省略）。

　図表6-4 では、月初めに食料品費や日用雑貨費などの各項目に予算を割り振り、支出するごとに残高を減らしていきます。ある項目の残高がゼロになったら、今月はその項目の支出を控えます。

　食料品のように、どうしても支出を控えられないものの残高がゼロになったら、未だ余裕がある項目の予算を振り替えて予算を増やします。当然ですが、余裕がある項目の予算残高は減少します。

　ここでのポイントは、どうしても支出を控えられないものの残高

がゼロになったらといって、その項目の予算を単独で増額すること
はしないことです。あくまでも、残高に余裕がある項目の予算を振
り替えて、使用することです。

つまり、家計全体の支出の予算総額は増やさないようにします。

図表 6-4：予算による支出管理の家計簿

日付	収入	支出			
		食料品費		日用雑貨費	その他
		支出額	予算残高	支出額	予算残高	
2月1日			60,000		20,000	
2月2日		2,000	58,000	1,200	18,800	
2月3日						

家計簿の限界とアプリの利用

　市販されている家計簿の多くは、住宅ローンや自動車ローンの毎月の
返済額を記録することはできますが、将来返済しなければならないロー
ン（借金）の未返済残高がいくらあるのかを示すことはできません。

　ローンの返済に充てたり、将来の支出のための普通預金や定期預金が
いくらあるのかを示すこともできません。

　クレジット・カードを利用したときは、商品やサービスを買ったとき
に記録するのか、支払ったときに記録するのか、わからないという意見
もあります。

　また、〝記録に手間がかかり、面倒だ〟と言う理由で、家計簿をつけ
ていない人も少なくありません。

　手書きの家計簿に関するこれらの不満を一覧にすると、以下のように

なります。

市販の家計簿の限界

- ●ローンの毎月返済額は記録するが、未返済残高は表示しない
- ●貯蓄の毎月積立額は表示するが、積立残高は表示しない
- ●クレジット・カードを利用したときに、いつ家計簿に記録するのかわからない
- ●毎日、筆記用具を持って記録するのが面倒だ

　このような従来の手書きの家計簿の欠陥を克服すべく、現在ではスマホを使って家計簿を作成する家計簿アプリが若い世代を中心に利用されています。

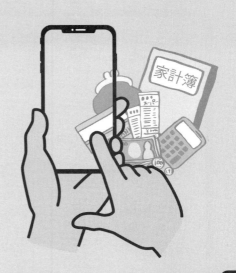

4. 家計収支計算書

家 計簿に記載された収入や支出の状況を1ヵ月、あるいは1年単位で集計して、家計収支計算書を作成します。

家計収支計算書を、前月あるいは前年のものと比較することによって、今月あるいは今年の支出の異常点を発見することができます。発見した異常点が好ましくないものであるならば、翌月あるいは翌年の収支計画では、それらを排除した計画を作成します。

様 式

家計収支計算書の様式に決まりはありません。定期収支を集計する家計収支計算書の様式の例を示したのが、**図表 6-5** です。

図表 6-5 の区分は、**図表 2-4** の定期支出の分類を参考にしています。

図表 6-5：家計の定期収支計算書

定期収支計算書
（2023 年 12 月）

1．定期収入
   給与総額 　　　　　　　　　　　　　　　　　　　○○円
   その他 　　　　　　　　　　　　　　　　　　　　○○円
   定期収入合計 ○○円
2．定期支出
   1）義務的支出 　　　　　　　　　　　　　　　　　○○円
   税 金 　　　　　　　　　　　　　　　　　　　　○○円
   社会保険料 　　　　　　　　　　　　　　　　　　○○円
   2）必然的支出
   ① 固定的支出
   家賃（又は住宅ローン返済） 　　　　　　　　　　○○円

	各種ローン返済 （自動車ローン、カード・ローン、貸与型奨学金、など）	○○円
	公共料金	○○円
	クレジット・カード利用代金	○○円
②	やりくり支出	
	食料品	○○円
	日用雑貨	○○円
	交際費	○○円
	医療費	○○円
	理美容費	○○円
	衣 服	○○円
	クリーニング代	○○円
	子供のミルク、おむつ、おもちゃ等	○○円
	子どもの学校教材費	○○円
3）回避可能な支出		
①	固定的支出	
	財形貯蓄	○○円
	リスク保険料	○○円
	貯蓄型保険料	○○円
	積立定期預金	○○円
	臨時支出積立金	○○円
②	やりくり支出	
	レジャー費（日帰り）	○○円
	交通費（電車、バス）、ガソリン代、高速道路料金など	○○円
	教養・娯楽費	○○円
	定期支出合計	○○円
3．定期収支差額		○○円
4．(加算)クレジット・カード利用代金未払残高		○○円
5．(減算)プリペイド・カード未使用残高		○○円
	現金・預金増減額	○○円
6．定期収支用現金・預金の月初残高		○○円
7．定期収支用現金・預金の月末残高		○○円

図表 6-5 は図表 2-4 にはない支出項目も含めていますが、必要に応じて削減、もしくは付加・訂正して使用することができます。

　図表 6-5 は、1 ヵ月間の定期収支計算書です。そのため、項目を詳細に表示してあります。
　1 年間の定期収支計算書を作成する場合は、支出の概要を把握できれば十分であると考えられるので、項目をまとめて表示するのも一案です。

読み方

　図表 6-5 の定期収支計算書は、1. 定期収入の合計と 2. 定期支出の合計、その差額である 3. 定期収支差額を表示しています。
　図表 6-5 を作成し、あるいは利用する際に注意する点を以下に取り上げます。

● クレジット・カードとプリペイド・カード

　「3. 定期収支差額」の次にある「4.（加算）クレジット・カード利用代金未払残高」は、クレジット・カードを利用して商品もしくはサービスを購入したものの、代金はまだ支払っていないものです。購入した商品やサービスは、「2. 定期支出」の項目に含まれています。
　しかし、この分の支出は未だ無いので、現金は減少していません。したがって、「7. 定期収支用現金・預金の月末残高」を求めるには、この**未払残高を加算**しなければなりません。
　また、「5.（減算）プリペイド・カード未使用残高」は、月中にプリペイド・カードにチャージしたものの、まだ使用していない金額です。したがって、「2. 定期支出」には、まだ含まれていません。
　しかし、この分はすでに現金もしくは預金からプリペイド・カードへ支出されているので、「7. 定期収支用現金・預金の月末残高」を求めるには、この**未使用残高を減算**しなければなりません。

● 現金・預金増減額の意味

　「4.（加算）クレジット・カード利用代金未払残高」と「5.（減算）プリペイド・カード未使用残高」を加減算した後の「現金・預金増減額」がマイナスであると「7. 定期収支用現金・預金月末残高」は減ってしまいます。

　これが何ヵ月も続くと、定期収支用の現金・預金残高は無くなってしまいます。そうなると、過去に積み立てた預金等を取り崩したりして補てんしなければなりません。

　これを防ぐために、「現金・預金増減額」がマイナスになったら早急に定期支出の内容を見直して、固定的支出を削減するか、やりくり支出を節約する努力をして、「現金・預金増減額」がプラスになるように努めなければなりません。

5. 財産一覧表

▼ イ・ホームを購入する人の8割が住宅ローンを、自家用車を購入する人の4割は自動車ローンを利用しています。また国民の約1割はカード・ローンを利用しています。

子供の教育資金や老後資金を確保するために貯蓄をする人もいます。

作成目的

図表 6-5 の定期収支計算書は、住宅ローンや各種ローン（自動車ローン、カード・ローン、貸与型奨学金、など）の返済額を表示しています。また、財形貯蓄、貯蓄型保険料、積立定期預金、臨時支出積立金などの貯蓄へ回した金額も表示します。

しかし、将来返済しなければならないローンの残高がいくらあるのか、あるいは将来の支出のために貯えている普通預金や積立定期預金等がいくらあるのかは、表示しません。

そこで、ある時点でのローンや預金の種類と残高を把握するために、例えば1年に1回は、資産と負債を網羅した財産一覧表を作ります。

この財産一覧表の内容を検討することによって、ローンの返済に必要な資金や将来の支出に備える貯蓄が十分であるか否かを、容易に把握することができます。

様 式

財産一覧表は、ある時点、例えば年末における資産と負債を一覧にした表です。財産一覧表の様式に決まりはありませんが、資産と負債を対比して表示する**図表 6-6** の様式が便利です。

図表 6-6：財産一覧表

（資産）		（負債）	
1. 流動金融資産		**1. 流動負債**	
手持ち現金	○○円	クレジット・カード代金	○○円
普通預金（定期収支用）	○○円	カード・ローン	○○円
普通預金（臨時支出用）	○○円	その他	○○円
電子マネー	○○円	小　計	○○円
臨時支出積立金用預金	○○円		
その他	○○円	**2. 固定負債**	○○円
小　計	○○円	住宅ローン	○○円
		奨学金	○○円
2. 固定金融資産		自動車ローン	○○円
定期預金	○○円	その他	○○円
積立定期預金	○○円	小　計	○○円
株券・債券	○○円		
生命保険等解約返戻金	○○円	負債合計	○○○円
その他	○○円		
小　計	○○円	（純資産）	
		差引純資産	○○○円
3. 固定資産			
土地	○○円		
住宅	○○円		
自動車	○○円		
その他	○○円		
小　計	○○円		
資産合計	○○○円		

作成方法

　左側の資産はそのままで、あるいは売却することによって得るであろう資金です。これらはローンの返済に充当したり、将来の支出に備えたりすることができるものです。資産は流動金融資産、固定金融資産、固定資産の３つに分けます。

　右側の負債は、クレジット・カード利用代金の未払額、ローンの未返済額などです。これらは、預金などの資産で将来返済しなければならないものです。負債は流動負債と固定負債の２つに区分します。

　右側の純資産は、資産合計から負債合計を差し引いたものです。

● 流動金融資産

　流動金融資産は、いつでも使用可能な現金、預金等です。普通預金は定期支出用と臨時支出用に分けると管理しやすくなります。電子マネーは、プリペイド・カードなどの残高です。

● 固定金融資産

　固定金融資産は、当面は使用する予定がないもので、将来の支出に備えたものです。一定期間は引き出せない定期預金や、あらかじめ期間を定めて積み立てる積立定期預金、株券や債券、生命保険等の解約返戻金相当額などがあります。

● 固定資産

　固定資産は、土地や住宅、自動車などのように、現在使用中のものです。これらを売却することによって得るであろう資金をローンの返済に充当したり、将来の支出に備えたりすることができるものです。

　売却を前提にしているので、売却した場合の金額を見積もって、その金額で表示します。

● 流動負債

　流動負債は、短期間、例えば1年以内に返済しなければならないものです。クレジット・カード利用代金の未払残高、カード・ローンの未返済額などの返済期間が短期のものが流動負債です。

● 固定負債

　固定負債は、返済期間が1年以上などの長期に及ぶものです。住宅ローン、自動車ローン、貸与型奨学金などの未返済額のほか、カード・ローンの未返済額で返済期限が1年以上先のものは、固定負債に区分します。

● 純資産

　純資産は、資産合計から負債合計を差し引いたもので、自分の正味の財産になります。

　多額の住宅ローンを抱える一方、子供の教育にお金が掛かる若い世代では、純資産がマイナスになるのが普通です。純資産がマイナスでも、収入が支出を上回っていれば、それをローンの返済や貯蓄へ回せるので、心配はいりません。

　以下は、若い人の財産一覧表の例です。

若い人の財産一覧表

現金・預金	1,000,000	住宅ローン	33,000,000
住宅（時価）	30,000,000	純資産	(2,000,000)
資産合計	31,000,000	負債・純資産合計	31,000,000

（カッコ書きは、マイナスの意味）

　他方、子供が独立し、住宅ローンの返済を終える世代では、貯蓄もある程度確保しているので、純資産はプラスになるのが一般的です。

　以下は、年配者の財産一覧表の例です。

年配者の財産一覧表

現金・預金	20,000,000	住宅ローン	0
住宅（時価）	15,000,000	純資産	35,000,000
資産合計	35,000,000	負債・純資産合計	35,000,000

利用方法

● ローンの繰上返済

　財産一覧表を作成した結果、固定金融資産の貯蓄金額が固定負債である住宅ローンや自動車ローン、貸与型奨学金あるいはカード・ローンの未返済残高を上回る状況になった場合は、定期預金や積立定期預金を取り崩してローンの繰上返済に充当します。

　〝せっかく貯めた定期預金や積立定期預金を取り崩すのはもったいない〟と考える人もいますが、ローンの利率は定期預金や積立定期預金の利率よりもずっと高いのが普通です。

　利率が高いローンを繰上返済すれば、利息を含めた総支払額を少なくすることができます。ローン残高の全額を繰上返済すれば、その後の返済が必要なくなります。

　繰上返済をして身軽になったら、再び、将来の支出に備えた預金を始めればよいのです。返済がなくなれば支出金額が減るので、貯蓄へ回せる金額も増えます。

● 投資への移替え

　定期収支用あるいは臨時支出用の普通預金の残高が、将来の支出として予想される金額を大きく超えるようになった場合は、株式や投資信託等へ投資して、有利に運用するのも一方です。

家具や家電製品の取扱い

　家具や家電製品は数万円から数十万円に及ぶものもありますが、これらを中古品として売却しようとしても、通常、買い手は現れません。売却代金を期待することは、まず不可能です。そのため、財産一覧表には加えていません。

　しかし、家具はさておき家電製品は、いつかは故障して動かなくなったり、ランニング・コストが安い省エネタイプの製品が出現したりする日がやってきます。家族構成や生活環境が大きく変化することもあります。その場合は買替えを考えなければなりません。

　それに備えて、自宅にある家電製品の中で高額（例えば1万円以上）なものについて、いつ購入したもので、いつ頃買い替えなければならないか、買替予想金額はいくらか、などを記録した家電製品一覧表を作っておくと便利です。

　以下は、その表の例です。

家電製品一覧表

	購入日	買替予想日	買替予想金額
テレビ			
冷蔵庫			
洗濯機			
掃除機			
リビング・エアコン			
寝室エアコン			
子供室エアコン			
パソコン			
プリンター			
その他			

参考文献

お父さんが教える 13 歳からの金融入門（日本経済新聞出版）
デヴィッド・ビアンキ著、関美和訳

アメリカの高校生が学んでいるお金の教科書（SB クリエイティブ）
アンドリュ・O・スミス著、桜田直美訳

ほんとうの定年後（講談社現代新書）
坂本貴志著

22 〜 23 年版
ユーキャンの FP2 級・AFP きほんテキスト（ユーキャン学び出版）
ユーキャン FP 技能士試験研究会著

著者プロフィール

土田 義憲 (つちだ よしのり)
著述業、公認会計士
新日本監査法人シニアパートナー、国際教養大学客員教授を経て、現職

【主な著書】
『君たち中学生・高校生が学ぶ会計』(ロギカ書房)
『会計思考で理解する 会社のお金の流れと管理』(ロギカ書房)
『会計思考で不正取引を発見・防止するための本』(ロギカ書房)
『会計思考で成長する若手社員 入社5年目 秋山君の挑戦』(ロギカ書房)
『実践ビジネス・リスク・マネジメント』(大蔵財務協会)
『内部統制の実務』(中央経済社)
『財務報告に係る内部統制』(中央経済社)
『取締役・監査役の内部統制』(中央経済社)
『内部監査の実務』(中央経済社)
『税務調査で使える内部統制のつくり方』(中央経済社)

社会人になったら知ってほしい
人生のお金の話

発行日　2023年8月15日
著　者　土田 義憲
発行者　橋詰 守
発行所　株式会社 ロギカ書房
　　　　〒101-0052
　　　　東京都千代田区神田小川町2丁目8番地
　　　　進盛ビル303
　　　　Tel 03 (5244) 5143
　　　　Fax 03 (5244) 5144
　　　　http://logicashobo.co.jp
印刷所　モリモト印刷株式会社